SAN JOSÉ

HISTORIA BIBLICA

CONDENSADA

EL PAIS DE LA BIBLIA

SAN JOSÉ

HISTORIA BIBLICA CONDENSADA

Un Relato Fácil y Agradable de Leer acerca de la Historia de Nuestra Salvación

---

Ilustrado

Dedicato a San José
Patrono de la Iglesia Universal

CATHOLIC BOOK PUBLISHING CORP.
NEW JERSEY

NIHIL OBSTAT: James T. O'Connor, S.T.D.
Censor Librorum

IMPRIMATUR: ✠ Patrick J. Sheridan, D.D.
Vicario General, Archidiócesis de Nueva York

(T-771)

Impreso en el U.S.A.

www.catholicbookpublishing.com

ISBN 978-1-947070-73-8

PREFACIO

Es el propósito de esta nueva Historia Biblica Condensada el llenar una muy sentida falta de un libro que, de forma clara y a grandes rasgos, diera un relato de la Historia de Nuestra Salvación. No es nuestro fin suplantar la Biblia sino, al contrario, conducir a nuestros lectores hacia un conocimiento aun mayor de las Sagradas Escrituras.

Utilizando este pequeño libro, el lector podrá obtener una mejor idea del alcance de la historia sagrada, la secuencia de los mayores acontecimientos dentro de esa historia, el significado que encierran para nosotros y las riquezas espirituales que podemos encontrar en ellos.

Una gran cantidad de material ha sido condensado en un libro pequeño, compacto y fácil de manejar. El formato es claro y fácil de seguir y el tipo de imprenta usado es muy agradable de leer. Las ilustraciones llevan al lector hacia los tiempos bíblicos.

Todo lo anteriormente mencionado hace de este libro una verdadera necesidad y constituye una gran ayuda par muchos católicos en esta época en que tanto se estudía la Palabra de Dios.

Por lo tanto, este libro puede ser usado para diferentes fines: como introduccion al estudio de la Biblia por un solo individuo, como libro de texto en clases de religión en escuelas elementales y de segunda enseñanza y, también, como texto básico para el estudio en grupos parroquiales.

Es la más ferviente esperanza de los editores que este libro pueda contribuir en alguna forma al interés y amor por las Sagradas Escrituras, inaugurado por el Movimiento Bíblico, apoyado por nuestros grandes recientes Papas, y fuertemente alentado por el Segundo Concilio Vaticano.

INDICE

I PARTE: EL TESTAMENTO

II PARTE: VIDA DE JESUS

I. Nacimiento y Juventud

II. Ministerio Publico

III. Pasíon, Muerte y Resurrección

III PARTE: LA IGLESIA PRIMITIVA

MAPS

Dios el creador del cielo y la tierra, y de todas las cosas.

I PARTE

EL ANTIGUO TESTAMENTO

LA CREACION

LA Biblia nos dice que Dios creó el mundo de la nada en seis días, o períodos de tiempo. Todo era un oscuro vacío. Entonces el aliento divino pasó sobre las aguas.

En el primer día, Dios créo la luz, y separó la luz de la oscuridad, y créo el día y la noche. Y vio Dios que ésto era bueno.

En el segundo día, Dios creó el firmamento y dividió las aguas bajo el firmamento de aquellas que estaban sobre él. Y llamó al firmamento "cielo".

En el tercer día, Dios separó lo seco de la aguas bajo el firmamento. Y llamó a lo seco "tierra" y a la aguas "mar", y vio Dios que ésto era bueno. También hizo diferentes clases de árboles y plantas que dieran semilla y frutos, cada una de acuerdo con su clase. Y vio Dios que todo ésto era bueno.

En el cuarto día, Dios hizo que los cuerpos celestiales brillaran en el firmamento; y que estos dieran señales y pudieran ser usados como medida de tiempo, de estaciones, de días y años. El sol habría de brillar durante el día, y la luna y las estrellas durante la noche. Y vio Dios que todo ésto era bueno.

En el quinto día, Dios creó los peces y todas las criaturas que viven en las aguas, y los pájaros y todas las ayes. Y bendito todas estas criaturas y les otorgó el poder de crecer y multiplicarse. Y vio Dios que ésto era bueno.

En el sexto día, creó Dios todos los animales y reptiles de la tierra. Y vio Dios que ésto era bueno. Entonces creó Dios al hombre del polvo de la tierra, creándolo a Su imagen y semejanza, y también creó Dios a la mujer. Y los bendijo y les dio el poder de crecer y multiplicarse y de gobernar sobre la tierra y sobre todo el resto de las criaturas vivientes.

Y vio Dios que todo lo que había creado era bueno, y en el séptimo día descansó, al cual bendijo e hizo santo, porque la creación del mundo había terminado.

EL PARAISO TERRENAL

Plantó Dios un gran jardín muy hermoso, liamado Edén, en el que crecían toda clase de árboles y plantas, y los animales vivian en él. Allí colocó Dios al primer hombre, Adán. Ordenó Dios a Adán que gobernara sobre todos los animales y ayes del cielo, y Adán les dio nombre a todas las criaturas. Entonces un día, mientras Adán dormía, Dios tomó una de sus costillas y de ésta formó una mujer, y llenó el espacio vacío en el costado de Adán con carne.

Dios dijo a Adán y Eva que de todos los árboles que dieran fruta podían comer excepto del árbol de la sabiduría, que crecía en medio del jardin. Si comían de esta fruta, morirían. Pero un día la serpiente, el mas astuto de todos los animales, instô a Eva a comer de esta fruta. Comió Eva de esta fruta y también dio de comer a Adán y, habiendo desobedecido el mandato divino, fueron arrojados del Jardin del Edén y condenados a trabajar, sufrir y morir.También condenó Dios a la serpiente a arrastrarse por los suelos y comer tierra todos los días de su vida.

Y dijo Dios a Adán y Eva que habrían de regresar al polvo del cual los había creado: "Ya que polvo eres, y al polvo volverás."Y Dios los proveyó de ropas y los mandô a trabajar, y colocó a las puertas del Edén un querubín con una flameante espada impidiendo que Adán y Eva volvieran a comer del árbol de la vida. Mas, sin embargo, Dios no abandonô a Adán y Eva, que les prometió un Redentor, que habría de salvar la raza del hombre.

CAÍN Y ABEL

Caín y Abel fueron los dos hijos de Adán y Eva. Caín era un labrador y Abel un pastor. Ambos ofrecian sacrificios a

Dios, pero con muy diferentes intenciones. Como las intenciones de Abel era nobles, Dios lo amaba, y Caín se puso celoso de su propio hermano. Estando un día en los campos, Caín mató a Abel. Dios castigó a Caín obligándolo a que errara por toda la tierra. Caín llegó a ser el padre de una raza de gente malvada, llamados "hijos del hombre."

Adán y Eva tuvieron otro hijo, nacido después del asesinato de Abel, al cual llamaron Set. Los descendientes de Set fueron conocidos por su piedad y fueron llamados "hijos del cielo." Sin embargo, pronto empezaron a mezclarse con la raza de Caín y se corrompieron como todo el resto. Tan grande era su maldad que muy poca virtud podía ser hallada en ellos.

El DILUVIO

Cuando Dios vio cuan malvado se había vuelto el hombre, dijo a Noé, el cual era un hombre de gran santidad, que construyese un gran barco y El dio a Noé las medidas exactas y direcciones para construir el arca. Después de muchos años estuvo terminada el arca, y Noé, con toda su familia y una pareja de cada animal, entraron en el arca. Entonces toda la gente y todos los animales de la tierra perecieron en el gran diluvio. Al final de un año, Noé pudo salir del arca con toda su familia y animales que se habían salvado. Immedíatamente ofreció un sacrificio a Dios en acción de gracias por el favor que había sido otorgado sobre él y su familia. A Dios le agradó este sacrificio y prometió que El no volvería nunca a destruir la tierra en esta forma. Ycomo señal de esta promesa colocó Dios el arco-iris en los cielos.

Entonces Noé y sus tres hijos, Sem, Cam y Jafet, comenzaron a cultivar la tierra. La humanidad creció y todos vivían en el mismo lugar y hablaban el mismo idioma. Entonces los hombres decidieron construir una ciudad y una torre que alcanzara el cielo. Pero debido al orgullo y falta de fe del hombre, Dios los castigó haciendo que hablaran diferentes lenguas para que no puderian entenderse entre sí. Los esparció por toda la faz de la tiera y no pudieron terminar la torre y la ciudad que habían planeado; el nombre de la torre fue Babel, debido a la confusión de lenguas.

ABRAHAM

Abraham, o Abram, como fue conocido, era un hombre santo y justo que vivía con su familia en la tierra de los Caldeos. Contaba Abram 75 años de edad, cuando Dios le dijo que abandonara supropio país y fuera hacia la tierra de Canaán, la cual El dijo habría de dar a Abram y a sus descendientes. También bendijo Dios a Abram y le prometió que una gran nación habría dedescender de él. Abram hizo todo lo que Dios le ordenó y partió hacia la tierra de Canaán, tomando consigo a su sobrino Lot y la familia de éste.

Abram y su familia parten hacia la tierra de Canaán.

Rescate de Lot

En el camino se suscito una disputa entre los siervos de Abram y los de Lot, por lo que ambos decidieron separarse. Después de este suceso, Lot fue hecho prisionero por el rey de los elamitasy Abram lo rescató. En el camino de regreso Abram fue bendecido por Melquisedec, rey de Salem y sacerdote de Dios, el cual ofreció sacrificio de pan y vino. Cuando Abram contaba 99 años de edad, Dios cambió su nombre al de Abraham, que quiere decir: "padre de una muchedumbre de pueblos."

Nacimiento de Isaac

Al cabo de un año dio a luz Sara, la mujer de Abraham, a un hijo, al cual pusieron por nombre Isaac. El nacimiento de Isaac había sido predicho por Dios y por dos ángeles que habían visitado a Abraham. Después de ocho días de nacido Isaac fue circuncidado de acuerdo con el mandato de Dios a Abraham, de que todo varón judío debía ser circuncidado.

Sodoma

Fue durante este tiempo que el fuego celestial destruyó las ciudades de Sodoma y Gomorra, por la maldad de sus moradores; pero Lot y su familia fueron salvados por los mismos ángeles que habían visitado a Abraham.

Mientras tanto Isaac crecía bajo el cuidado de sus padres. Un día, Sara vio a Ismael, que era hijo de Abraham y de una de sus esclavas, Agar, burlándose de Isaac. Entonces Sara fue hasta Abraham y le pidió que mandara lejos a Agar y a Ismael. El Patriarca accedió al deseo de Sara, pero muy a pesar de él mismo.

El Sacrificio de Abraham

Para probarlo, Dios ordenó a Abraham que sacrificara su único hijo Isaac. En el mismo momento en que Abraham iba a sacrificar a Isaac, Dios envió un ángel que lo detuvo. Entonces Abraham encontró un carnero al cual sacrificó en lugar de su hijo. Esta fue la mayor prueba de la fe de Abraham. San Pablo habla de él como "el fiel Abraham" y como "amigo de Dios".

ISAAC

Después de la muerte de Sara, Isaac se casó con su prima Rebeca, hija de un pariente de Abraham, y de su propia tierra. Abraham murió a los 175 años de edad y fue enterrado por Isaac e Ismael junto a Sara en la doble cueva en los campos de Efrón, cerca de Mambré. La mayor parte de la propiedad de Abraham pasó a manos de Isaac. Teniendo Isaac alrededor de sesenta años le nacieron dos hijos. El mayor recibió el nombre de Esaú, porque estaba todo cubierto de pelo rojizo. El menor fue llamado Jacob. Isaac amaba a su hijo Esaú, mientras que Jacob era el preferido de su madre, Rebeca.

ESAU Y JACOB

Esaú era un hábil cazasor, mientras que Jacob gustaba de cuidar el ganado. Cuando Isaac, ya viejo, fue a impartir su bendición, mandó a Esaú a traerle carne de venado. Isaac estaba ya casi ciego y, mientras Esaú estaba fuera, Rebeca obtuvo la bendición para su otro hijo Jacob, haciendo que se pusiera las ropas de su hermano y preparando un plato de carne de venado que llevó hasta su padre. Mientras tanto. Esaú ya había vendido su primogenitura a Jacob por un plato de lentejas, un día que tenía mucha hambre.

La huida de Jacob

Cuando Esaú se dio cuenta que Jacob había sido bendecido por Isaac, montó en cólera y Jacob tuvo que salir huyendo, refugiándose en la Mesopotamia. Durante su jornada Jacob tuvo una visión en la que Dios le prometió la tierra en la que estaba descansando, y que de su descendencia habría de nacer el esperado Mesías.

Jacob sueña de una escalera entre el cielo y la tierra.

Jacob en la casa de Labán

Jacob llegó a la casa de su tío Labán, hermano de Rebeca. Allí fue colocado para que cuidase del ganado y de los rebaños. Después de haber trabajado con su tío por algunos años, Jacob recibió permiso de Labán para casarse con sus dos hijas, Lía y Raquel. Primero se casó con Lía y después con Raquel y de las dos, tuvo un total de doce hijos. Estos hijos, con la excepción de Leví y de José, llegaron a ser jefes de las tribus de Israel. Los hijos fueron: Rubén, Simeón, Leví, Judá, Dan, Neftalí, Isacar, Zabulón, Gad, Aser, José y Benjamin.

Regreso de Jacob

Después de veinte años dejó Jacob la casa de Labán, con sus esposas e hijos, para regresar a la tierra de Canaán. Durante este viaje, Jacob tuvo un sueño en el cual él forcejeaba con un ángel, venciéndole. Fue en esta ocasión que su nombre fue cambiado por el de **Israel**. Al día siguiente se reconcilió con su hermano Esaú. Al regresar a Canaán, Jacob compró un pedazo de tierra, donde levantó su campamento y construyó un altar dedicado al todopoderoso Dios, Dios de Israel.

Dina

Mientras Dina, hija de Jacob y de Lía, se encontraba de visita en Siquem, fue violada por uno de los príncipes del lugar. En venganza, los hijos de Jacob asaltaron por sorpresa a la ciudad y mataron a todos sus habitantes. Este derramamiento de sangre fue amargamente lamentado por Jacob.

Muerte de Raquel

Poco después de la masacre de los siquemitas, ocurrió la muerte de Raquel, la cual fue enterrada en Belén. También murió Isaac, habiendo llegado a la edad de 185 años.

JOSE

De todos los hijos el favorito de Raquel y Jacob era José. Por esta razón y por los favores especiales que ellos le otorgaban, los hermanos estaban celosos de José. José era un hijo muy cariñoso y apegado a sus padres.

Sus Sueños

José tuvo dos sueños: (1) que el sol, la luna y once estrellas le rendían pleitesía; (2) que las haces de trigo de sus hermanos se inclinaban ante la de él. Al oir ésto, los hermanos decidieron matarlo; pero Rubén los persuadió que no derramaran sangre. En lugar de matarlo, a sugerencias de Judá, lo vendieron como esclavo a una caravana de ismaelitas, quienes lo llevaron hasta Egipto a la casa de Putifar, un oficial del Faraón. Pronto lo arrojaron a la prisión por las mentiras que dijo de él la mujer de Putifar, la cual deseaba que José pecara.

José Interpreta Sueños

Estando José en la prisión, se encontró con el jefe de los reposteros del Faraón y con su mayordomo, y a menudo José interpretaba los sueños que éstos tenían. Habiendo estado José encerrado en la prisión cerca de dos años, el Faraón tuvo un sueño, en el cual veía que siete vacas flacas devoraban siete vacas gordas, y siete espigas de trigo, grandes y hermosas, eran dañadas por otras siete espigas flacas y quemadas. Mandaron a buscar a José para que interpretase estos sueños y él predijo

El Faraón pone una cadena de oro alrededor del cuello de José.

que vendrían siete años de abundancia en aquellas tierras, los cuales habrían de convertirse después en siete años de hambre y escasez. Entonces el Faraón lo hizo su primer ministro.

José en el Poder

Durante los años de abundancia, José se ocupó de que tanto trigo como fuera posible se guardase en graneros especiales por toda la tierra de Egipto. Cuando llegaron los años de escasez, los hijos de Jacob oyeron que en Egipto había abundancia de provisiones, y hasta allá fueron a comprar trigo, pero al llegar, no conocieron a José. Sin embargo, José sí reconoció a sus hermanos. En la tercera visita que hicieron los hermanos a Egipto, José se dio a conocer ante ellos, y les pidió que vinieran a vivir a Egipto con él, trayendo sus familias.

Muerte de Jacob

El Faraón había dado a Jacob la tierra de Gosén, donde Jacob vivió hasta el momento de su muerte a la edad de 147 años. En su lecho de muerte Jacob bendijo en especial a cada uno de sus hijos.

Muerte de José

José murió a los 110 años de edad, dejando dos hijos, Efraím y Manasés, los cuales llegaron a ser jefes de dos de las doce tribus de Israel.

MOISES Y LA LIBERACION

Muchas años después de la muerte de José los hebreos se habían vuelto tan numerosos que un nuevo rey determinó oprimirlos para impedirles que se tornasen demasiado poderosos. Para obtener ésto, ordenó a sus capataces que obligasen a los hebreos a realizar los trabajos más duros y difíciles. Pero puesto que esta ley no dio el efecto deseado, el rey entonces ordenó que todos los niños hebreos que naciesen fuesen ahogados en el río Nilo.

Nacimiento de Moisés

Por este tiempo, nació Moisés, hijo de un hombre perteneciente a la tribu de Levi. Su madre lo mantuvo oculto tres meses hasta que decidió colocarlo en las márgenes del río dentro de una cesta hecha de papiros.

Cuando la hija del Faraón fue al río a bañarse, encontró la cesta y ordenó a su criada que la recogiese. Esta reconoció al niño como nacido de mujer hebrea. La criada, que en realidad era la hermana del niñito, llamó a una mujer hebrea para que le sirviese de nodriza; en esta forma, la propia madre de Moisés fue quien lo amamantó. Cuando el niño creció fue traido hasta la presencia de la hija del Faraón, la cual adoptó a Moisés como su propio hijo, dándole el nombre de Moisés, que quiere decir "rescatado de las aguas".

Su Huida

Tenía ya Moisés cuarenta años de edad cuando, un día, vio que un egipcio mataba a un hebreo. Moisés mató a su vez al egipcio y enterró el cuerpo en la arena. Pero pronto se supo este hecho y Moisés tuvo que huir hacia la tierra de Madián. Permaneció en la casa de Jetró, su suegro, por espacio de cuarenta años, habiéndose casado con Séfora, hija de Jetró.

Su Vocación

Un día, mientras atendía los rebaños de Jetró en las faldas del monte Horeb, un ángel se le apareció dentro de una zarza

Dios habla a Moisés desde al arbusto en llamas.

que ardía sin consumirse. Moisés se acercó a la zarza en llamas; pero Dios le habló desde allí, ordenándole que removiese sus sandalias pues se encontraba en terreno sagrado. Dios dijo a Moisés quien era El y le confió la misión de liberar a Su pueblo oprimido de manos de los egipcios. Su hermano Aarón fue designado como su compañero y asistente, y Dios le prometió que los ayudaría al hablarles a las gentes. Entonces Dios dijo a Moisés que El estaría con él y que cuando él trajese a los israelitas fuera de Egipto, debían ir hasta aquella montaña a adorar a Dios. Dios hizo muchos milagros ante Moisés y Aarón.

Las Plagas de Egipto

El rey de Egipto rehusó dejar salir a los israelitas de Egipto guiados por Moisés. En lugar de esto, lo que hizo fue aumentar las dificultades a los hebreos. Entonces Dios dijo a Moisés que El enviaría plagas al pueblo egipcio, a través de Moisés y Aarón. Las siguientes fueron las diez plagas que sufrieron los egipcios:

(1) El agua se convirtió en sangre. (2) Ranas inundan todo el país. (3) Mosquitos atacan hombres y animales. (4) Enjambres de moscas llenan las casas de los egipcios, y sólo el area de Gosén donde vivían los israelitas se ve libre de esta plaga. (5) Una pestilencia ataca todos los animales haciéndoles morir, excepto los de los israelitas. (6) Polvo cubre toda la tierra de Egipto, causando úlceras a hombres y bestias. (7) Granizo cae del cielo, matando hombres, animales y toda cosa viviente. (8) Un enjambre de langostas se come todos los vegetales y frutas. (9) Una intensa oscuridad cubre toda la tierra por tres días. (10) Mueren todos los primógenitos nacidos de los egipcios.

La Pascua

Antes de enviar la décima plaga, Dios dijo a Moisés y Aarón que toda familia hebrea debía sacrificar una oveja y comerla con pan ácimo y hierbas. Esta comida debía hacerse de pie, como si estuvieran listos para emprender un viaje. La sangre de la oveja sacrificada debía ser rociada en el dintel de la puerta. Esta comida habría de ser llamada "la Pascua", porque el Señor pasó de largo por las casas de los israelitas cuando mato a los primogénitos de los egipcios. Fue entonces

El angel de la muerte pasa por la casa de los israelitas.

que a los hebreos les fue permitido abandonar a Egipto, después de haber estado en aquella región más de 400 años.

El Mar Rojo

Mientras el pueblo hebreo acampaba en la rivera del mar Rojo, vieron venir al ejército egipcio, guiado por el rey, que se aprestaba a atacarlos. Entonces Dios ordenó a Moisés que extendiera su bastón sobre las aguas, las cuales se abrieron inmedíatamente, dejando un camino seco para que el pueblo atravesara el mar. Después de haber cruzado los israelitas hasta un lugar seguro, los egipcios trataron de seguirlos; pero Dios hizo que las aguas volvieran a su lugar y todos los egipcios perecieron ahogados.

LOS ISRAELITAS EN EL DESIERTO

Después de haber cruzado el mar Rojo, los israelitas viajaron por el desierto durante tres días sin encontrar agua. Cuando llegaron a Mara, encontraron un pozo, mas no pudieron beber de aquella agua, pues era amarga. El pueblo empezó a quejarse, entonces Dios ordenó a Moisés que arrojase la rama de un árbol dentro del agua. Así lo hizo Moisés e inmedíatamente, el agua se endulzó. Desde Mara marcharon a Elim, donde había doce fuentes y setenta palmeras. Para aquel entonces ya todas las provisiones que habían traido con ellos se habían terminado.

Maná y Codornices

La gente se quejó a Moisés de que tenían hambre. Moisés oró a Dios. Dios oyó su oración y envió maná desde el cielo, el cual cubría la tierra todas las mañanas, suficiente para alimentarlos por un día. Por la tarde, multitud de codornices cubrían el campamento, y de esta forma, tenían carne para comer. El maná era como una escarcha blanca y Moisés les dijo que era pan que el Señor les mandaba para alimentarlos. Este pan les fue suministrado durante los cuarenta años que ellos pasaron en el desierto. Es como un anuncio de la Sagrada Eucaristía.

La roca de Horeb

Cuando los israelitas llegaron al monte Horeb acamparon allí. Una vez más no tenían agua para beber, pero Dios habló a Moisés diciéndole que golpeara una roca con su bastón. Tan pronto como lo hizo, el agua comenzó a manar en abundancia, y el pueblo dejó de quejarse. Este lugar fue llamado Masá y Meribá, porque fue allí donde los israelitas se quejaron y habían tentado a Dios.

Derrota de Amalec

Las primeras gentes que atacaron a los israelitas en su peregrinación fueron los amalecitas. Josué fue designado para guiar a los israelitas en la batalla contra los enemigos. Moisés, Aarón y Jur fueron hasta la cima del monte Horeb a orar. Mientras Moisés tenía sus brazos levantados al cielo en oración la batalla estaba a favor de los israelitas; pero, en cuanto Moisés bajaba sus brazos, la batalla favorecía al enemigo. Los brazos de Moisés estaban cansados, entonces Aarón y Jur se colocaron uno a cada lado de Moisés, ayudándole a mantener sus brazos en alto, hasta la puesta del sol, cuando el pueblo de Israel resultó victorioso. Es este un ejemplo de oración cuando imploramos a Dios por su ayuda. Poco después de esta batalla, Moisés designó cierto número de jueces que habrían de ayudarlo a gobernar el pueblo.

Monte Sinaí

Después de cincuenta días, los israelitas llegaron hasta el monte Sinaí. Fue en aquella montaña que Dios entregó los Diez Mandamientos a Moisés, escritos en dos tabletas de piedra. Moisés permaneció en la montaña por espacio de cuarenta días. Mientras tanto, el pueblo había persuadido a Aarón para que les permitiera edificar un becerro de oro y poderlo adorar. Cuando Moisés bajo de la montaña y vio al pueblo adorando al

Moisés rompe las tablas de la ley.

ídolo se enojó tanto ante la perversidad de su propia gente que rompió las dos tabletas de piedra.

Entonces Moisés destruyó el becerro de oro y ordenó que todas aquellas personas que continuasen en la idolatría fuesen condenadas a muerte. Alrededor de 3,000 personas murieron a manos de los Levitas, reunidos alrededor de Moisés. La gente se arrepintió de sus pecados y Moisés imploro a Dios que perdonara los pecados. El Señor en Su Misericordía les perdonó los pecados. Entonces Dios dijo a Moisés que condujera al pueblo hasta la tierra que El había prometido a Abraham, y les envió su Angel para que los guiase.

Tabernáculo

Dios ordenó que se construyera un Tabernáculo, en el cual El habría de morar constantemente en medio de Su pueblo. Este

Tabernáculo, o Tienda, estaba dividido en dos partes: (1) el **Atrio**, que contenía el Arca de la Alianza; dentro del Arca fueron colocadas las dos tabletas de piedra, en las que nuevamente había escrito el Señor los Diez Mandamientos, o **Decálogo**, como se llamaba, junto con el bastón de Aarón y un jarrón que contenía el maná; (2) el **Habitáculo**, en el cual se encontraban el Candelabro de Oro, la Mesa del Pan y el Altar del Incienso; el Aguamanil de Bronce y el Altar de los Holocaustos fueron colocados frente al Habitáculo. Los materiales fueron donados por el pueblo. Este Tabernáculo fue construido aproximadamente dos años después de la partida de Egipto.

Aarón y los Sacerdotes

Después de haber construido el Tabernáculo, Moisés nombró a la tribu de LevI, de acuerdo con lo que el Señor había ordenado, para que sirviese el Tabernáculo. Aarón fue consagrado como Gran Sacerdote. Después el Señor instruyó detalladamente a Moisés acerca de la ofrendas que habrían de hacerse en Su nombre. Dios moro con Su pueblo en una nube que permanecían sobre el Tabernáculo. Cuando la nube se elevó, el pueblo continuó su jornada; pero cuando la nube permanecía inmóvil, ellos permanecían acampados en el lugar en que estuviesen. Durante el día el pueblo podía ver la nube sobre la morada del Señor; pero de noche estaba iluminada como por un fuego.

Leyes sobre la Santidad Legal

Dios dijo a Moisés que enseñase al pueblo a obedecer las leyes que El había dado concernientes a la santidad externa. Estas leyes estaban encaminadas a demostrar que ellos pertenecían al Señor. Se los recordaba con frecuencia que ellos debían permanecer en estado de santidad ya que el Señor, su Dios, es santo.

El pueblo fue contado

Dios ordenó a Moisés que contara a todo el pueblo antes de abandonar el monte Sinaí. Así lo hizo Moisés, dividiendo las doce tribus e inscribiendo a cada varón individualmente.

Elección de los Ancianos

Cuando el pueblo empezó a quejarse de nuevo, Moisés preguntó a Dios qué debía hacer. Dios le ordenó que escogiese

A la derecha está representado el Tabernáculo o Morada, construido de acuerdo con las especificaciones dadas por Dios a Moisés. En el área del Tabernáculo podemos ver el altar de los holocaustos y, a la izquierda, el recipiente de bronce que servía como lavamanos a los sacerdotes.

El Tabernáculo propiamente dicho incluía el Santo de los Santos y el Lugar Sagrado. El Santo de los Santos contenía el Arca de la Alianza. El Sagrario (Lugar Sagrado) contenía el altar del incienso (como se demuestra a la izquierda), la mesa de los panes (que vemos abajo y el candelabro de siete brazos.

setenta hombres entre los ancianos de Israel, que debían ayudarlo y asistirlo en sus trabajos.

Los Doce Espías

Cuando los israelitas llegaron al límite de la Tierra Prometida, Moisés envió doce hombres para que exploraran aquellas tierras. Los hombres regresaron después de cuarenta días diciéndoles que era la tierra que "mana leche y miel," y trajeron consigo algunos de los frutos de aquellas tierras para demostrar cuan fértil eran. Pero la mayor parte de estos exploradores o espías trataron de desalentar a los israelitas de proseguir en la jornada, diciéndoles que en aquellas tierras los moradores eran gigantes muy potentes.

Los Israelitas son Castigados

Josúe y Caleb que eran los dos espías de más confianza trataron de convencer al pueblo que debía proseguir el viaje y entrar a la Tierra Prometida. Pero la gente se empezó a quejar de nuevo y por eso Dios los castigó, condenándoles a que vagaran por el desierto durante cuarenta años. Nadie que hubiera salido de Egipto teniendo más de 21 años habría de llegar a la Tierra Prometida.

La revuelta de Coré

Después de haber sido derrotados por los cananeos, 250 jefes de la nación, encabezados por Coré, un levita, y Datán y Abirón de la tribu de Rubén, se rebelaron contra Moisés y Aarón. Estos tres hombres, con sus familias y propiedades, fueron castigados por Dios. El suelo sobre el cual estaban parados se abrió repentinamente y se tragó a Datán y Abirón; Coré y sus hombres fueron consumidos por un fuego enviado por Dios. Entonces construyeron una cubierta y la colocaron sobre el altar como recordatorio al pueblo de que solamente los sacerdotes podían acercarse al altar a ofrecer incienso al Señor.

La Vara de Aarón

Para demonstrar que Aarón era el Gran Sacerdote verdadero, Dios ordenó a Moisés que tomara una vara de cada una de las doce tribus y escribiese el nombre del jefe de la tribu en la vara. Entonces Moisés las colocó ante el Señor en la tienda de los mandamientos. A la mañana siguiente pudieron ver que la vara de Aarón había echado flores y frutos, mientras que las otras varas permanecían iguales que la noche anterior. Después de esto, el pueblo nunca dudó del derecho que tenía la familia de Aarón al Gran Sacerdocio.

Pecados de Moisés y Aarón

Durante los años que los israelitas vagaron por el desierto, en cierta ocasión llegaron hasta un lugar llamado Cades. Allí acamparon y allí fue que María, hermana de Moisés y Aarón, murió y fue sepultada.

Puesto que no había agua en este lugar, el pueblo se reunió y se amotinó contra Moisés y Aarón. Empezaron a lamentarse diciendo que hubiera sido preferible haber muerto con sus parientes que haber llegado a Cades, donde no había ni agua ni frutas. Una vez más Moisés y Aarón elevaron sus oraciones al Señor.

El Señor escuchó las oraciones y ordenó a Moisés que golpeara con su vara una roca y que de ésta manaría agua para que el pueblo y los animales bebieran. Pero Moisés y Aarón no tuvieron confianza en Dios al cumplir esta orden; Moisés golpeó la roca dos veces con su vara, diciéndole al pueblo: «¿Podremos nosotros hacer brotar agua de esta roca?" Porque dudaron, Dios castigó a Moisés y Aarón al no permitirles que fueran ellos los que guiaran a Su pueblo hasta la Tierra Prometida. Estas son las aguas de Meriba, donde los israelitas se rebelaron contra el Señor y El les reveló Su santidad.

Muerte de Aarón

Entonces caminaron hasta el monte Or, donde Dios dijo a Moisés que Aarón habría de morir y que el hijo de éste, Eleazar, habría de ser el sucesor de Aarón como Gran Sacerdote. Por lo tanto Moisés invistió a Eleazar con las vestiduras de Aarón, y allí, en la cima de la montaña, murió Aarón.

La Serpiente de Bronce

Puesto que el rey de Edom se negaba a permitirle el paso a los israelitas a través de sus tierras, el pueblo empezó a quejarse de nuevo de la larga jornada que tendría que realizar. Tambien dijeron a Moisés que estaban cansados de comer maná. Para castigarlos, Dios les envió serpientes venenosas que salían de la arena, los mordían y muchos de ellos murieron de esa forma. Moisés rogó a Dios que alejase las serpientes. Entonces el Señor mandó a Moisés que construyera una serpiente de bronce y la colocara sobre un asta; todo aquel que mirase con fe a la serpiente de bronce sería curado. Esta serpiente de bronce representa en cierta forma a nuestro Señor en la Cruz.

Balam

Según los israelitas continuaban su camino sostuvieron batallas contra varias naciones, a las cuales vencieron siempre, con la ayuda de Dios. Cuando Balac, rey de Moab, vio como este pueblo había derrotado tantas naciones, envió a Balam, un falso profeta, para que impusiese una maldición sobre el pueblo de Israel. Mas Balam fue incapaz de poner en práctica sus poderes ya que Dios se lo impidió, y exclamó: "Cómo voy a maldecir yo al que Dios no maldice? ¡Que bellas son tus tiendas, oh Israel! Alzase de Jacob una estrella, surge de Israel un cetro, que aplasta los jefes de Moab."

Puesto que Balam no tenía poder para maldecir a los israelitas, persuadió tanto a los moabitas como a los madíanitas para que corrompiesen al pueblo de Israel, por medio de malos ejemplos y haciendo que adorasen a Baal. Dios ordenó a Moisés que todos aquellos que habían idolatrado a Baal debían ser ejecutados públicamente. Esta medida fue llevada a cabo por los Jueces.

Muerte de Moisés

Después que esos israelitas fueron ejecutados, Dios ordenó a Moisés y a Eleazar, el Gran Sacerdote, que volvieran a contar de nuevo al pueblo, cosa que ellos hicieron. Moisés sabía que moriría pronto, y le recordaba al pueblo todo lo bueno que Dios había hecho por ellos. Después les leyó las principales partes de la ley, enseñándoles el Gran Mandamiento: "Amarás al Señor, tu Dios, con todo tu corazón, con toda tu alma, con todas tus fuerzas."

Después de esto Moisés subió al monte Nebo, desde el cual se podía divisar la Tierra Prometida. Allí, en la tierra de Moab, Moisés murió a los 120 años de edad, y fue enterrado en un valle de aquella tierra y nadie hasta hoy conoce su sepultura.

JOSUE

Josué pertenecía a la tribu de Rubén. De todos aquellos que habían salido de Egipto, solamente Josué y Caleb fueron los que, teniendo más de 21 años de edad al partir, pudieron llegar a la Tierra Prometida. Dios dijo a Josué que él habría de guiar al pueblo a través del río Jordán hacia la tierra que El había prometido a Abraham.

Dos Espías

Josué envió a dos espías para que inspeccionasen la tierra donde estaba situada Jericó. Estos hombres se ocultaron en casa de una mujer llamada Rahab, la cual los escondió de los soldados del rey. Después de permanecer por tres días en las

Los israelitas marchan alrededor de Jericó portando el arca.

colinas los exploradores regresaron a Josué, diciéndole que las gentes del lugar temían a los israelitas, y por lo tanto, no habría dificultad en tomar posesión de aquellas tierras.

Paso del Jordán

Josué ordenó al pueblo que cruzase el Jordán, diciendo a los sacerdotes que tomasen el Arca de la Alianza y fueran adelante con el pueblo. Cuando llegaron a las márgenes del río, las aguas se partieron, dejando un pasaje seco para que todos pasaran al otro lado. En aquella epoca siete naciones habitaban aquellas tierras; pero el poder de Dios estaba junto a Josué, haciendo que todas fueran conquistadas.

La Toma de Jericó

Los israelitas acamparon en Gálgala después de haber cruzado el río Jordán. Allí celebraron la fiesta de la Pascua. A partir de aquel momento el maná dejó de aparecer cada mañana y el pueblo se alimentaba de lo que producía la tierra.

Josué ordenó al pueblo que marchara alrededor de la ciudad, la cual permanecía en estado de sitio. Así lo hicieron por seis días. Al séptimo día marcharon alrededor de la ciudad siete veces, mientras que los sacerdotes tocaban las trompetas. Al sonido de las trompetas todo el pueblo gritó a una voz y las murallas de la ciudad se vinieron abajo.

La Toma de Hai

La gente pensó que esta ciudad sería tomada fácilmente, por lo que sólo enviaron tres mil hombres contra ella, los cuales fueron malamente derrotados. Entonces Dios dijo a Josué que esto había sucedido porque uno de ellos había pecado. Siguiendo las instrucciones del Señor, Josué fue señalando cada una de las tribus, y de cada tribu una familia, y de cada familia un varón y así sucesivamente. Cuando llegaron a Acán, de la tribú de Judá, éste declaró que había desobedecido las órdenes y se había quedado con algunas de las cosas tomadas en el sitio de Jericó. Por esta desobediencia Acán fue condenado a morir apedreado. Después de este hecho los israelitas pudieron tomar a la ciudad de Hai, por medio de una estratagema, matando a todos los habitantes.

Entonces Josué mandó a construir un altar al Señor y la ley del Señor fue leida a todo el pueblo. Todo el pueblo juró observar los mandamientos de Dios.

Alianza de los Reyes

Cuando los reyes de los países vecinos supieron que los israelitas habían conquistado Jericó y Hai, se unieron en una alianza para atacar a Josué, pero fueron derrotados.

Entonces los gabaonitas, un pueblo colindante, enviaron una delegación hasta Josué a Gálgala, diciéndole que eran de un país muy lejano y que deseaban ser protegidos. Josué accedió a esto, pero cuando supo del engaño los condenó a la esclavitud.

Mientras Josué defendía a este pueblo contra los amorreos, rogó a Dios que ordenase que el sol y la luna detuviesen su marcha. Dios escuchó su oración y los amorreos fueron vencidos.

División de Judá

Cuando Josué era ya viejo, el Señor le dijo que dividiese la tierra que estaba aún por conquistar entre las varias tribus de Israel. La tierra que estaba al sur, limitando con Edom, en el desierto de Sin, fue dada a la tribu de Judá. Josué estableció el Tabernáculo en Silo y dividió la tierra como Dios le había ordenado.

Las Ciudades de Refugio

Solamente la tribu de Levi no participó en la división de las tierras; pero le fueron asignadas 48 ciudades distribuidas por todo Israel. Esto fue hecho en cumplimiento de lo ordenado por Dios a Moisés, es decir, que ciertas ciudades, junto con sus pastos y ganado, fueran entregadas a la tribu de sacerdotes.

Entonces seis ciudades de refugio fueron separadas, en las cuales cualquier persona que hubiese accidentalmente dado muerte a otra podía protegerse de sus enemigos. Estas ciudades fueron: Cades, Siquem, y Hebrón, en la parte oeste del Jordán; y Bosor, Ramot y Golán, en la rivera este del Jordán.

Muerte de Josué

Este santo patriarca gobernó a Israel por espacio de 25 años. Antes de su muerte reunió a todas las tribus de Israel en

Siquem, recordándoles todo lo que Dios había hecho por ellos. Hizo que prometieran obedecer todos los mandamientos de la ley, lo cual el pueblo juró. Josué murió a la edad de 110 años y fue enterrado en la region montañosa de Efraím.

LOS JUECES (Aprox. 1200-1020 A.C.)

Depués de la muerte de Josué, los israelitas fueron gobernados por el Gran Sacerdote. Mientras obedecieron los mandamientos de Dios, prosperaron; pero en cuanto se apartaban de la ley de Dios, los enemigos los avasallaban. Cuando se arrepentían, Dios enviaba Jueces para que los salvaran.

Los más importantes de los Jueces fueron Aod, Débora, Gedeón, Jefté, Eli y Samuel. Como todos los Jueces, fueron grandes jefes tribales que rechazaron a todos aquellos pueblos que intentaron invadir el territorio. Pudieron lograr estas hazañas ayudados por Dios y por medio de sus propios medios y habilidades. De esta forma los israelitas efectuaron la transición de una vida nómada y pastoral a una existencia sedentaria donde predominaba la agricultura.

Otoniel, Aod y Samgar

Mientras los ancianos, que habían presenciado las maravillas que Dios había obrado entre ellos, permanecieron con vida, el pueblo obedeció los mandamientos de Dios. Pero cuando toda esa generación hubo desaparecido los nuevos israelitas comenzaron a casarse con cananeos y rendir pleitesía a los ídolos. Dios los castigó y fueron hechos esclavos por el rey Cusán Risataim. Cuando clamaron arrepentidos al Señor, El les envió a Otoniel, hijo del hermano menor de Caleb, a rescatarlos. Entonces disfrutaron de un periodo de paz por cuarenta años.

Pero pronto volvieron a ofender al Señor y El envió al rey de Moab que los atacó y venció. El pueblo de Israel permaneció bajo este gobernante durante dieciocho años. Cuando se lamentaron a Dios, entonces el Señor envió a Aod, hijo de Guera, para que los guiase en una batalla contra los moabitas, quienes fueron vencidos y hubo paz de nuevo por ocho años.

Samgar, hijo de Anat, libró a Israel de los filisteos, mantando seiscientos de ellos con una reja de arado.

Débora y Barac

Después de la muerte de Aod los israelitas de nuevo volvieron a ofender a Dios y como castigo El los entregó a los cananeos, quienes los oprimieron por veinte años. Por aquella época una santa mujer nombrada Débora, gobernaba a Israel. Cuando el pueblo se arrepintió de sus pecados e invocó al Señor para que los liberase, Débora envió a Barac, hijo de Abinoam, a que se enfrentase en lucha contra los cananeos y librara a los israelitas del yugo a que estaban sujetos. El honor de esta victoria, sin embargo, pertenece a una mujer llamada Jael, la cual mato a Sisara, el general de los enemigos, mientras él dormía en su tienda.

Gedeón

Una vez más los israelitas volvieron a caer en el pecado y esta vez Dios los entregó en las manos de los madíanitas por varios años. Cuando el pueblo se arrepintió e imploro al Señor que les prestase ayuda, Dios envió a Gedeón, un humilde hombre perteneciente a la tribu de Manasés, para que los librase. Un ángel se le apareció a Gedeón diciéndole que el Señor estaba a su lado y con su ayuda él liberaría a su pueblo del poder de los madíanitas. El Señor obro varios milagros para ayudar a Gedeón a sobreponer su temor. Cuando Gedeón colocó la piel de un cabrito en el suelo, la encontró al día siguiente llena de rocío mientras que todo el suelo alrededor estaba completamente seco. Una vez más puso la piel de lana en el suelo, y temprano al día siguiente comprobó que la piel estaba completamente seca, mientras que el suelo alrededor estaba cubierto de rocío.

De entre 10,000 hombres, Dios dijo a Gedeón que escogiese solamente 300 con los cuales derrotaría a los madíanitas. El les entregó trompetas y antorchas escondidas en ollas vacías. Al filo de la medíanoche, Gedeón dio la señal y los israelitas rompieron las ollas llenas de fuego. Haciendo sonar las trompetas y teniendo en alto las antorchas encendidas, ellos exclamaron:

"¡Espada para el Señor y para Gedeón!" Los madíanitas estaban tan llenos de temor y confusión que empezaron a matarse unos a otros. Gedeón gobernó a Israel por cuarenta años.

Abimelec

Abimelec era uno de los hijos de Gedeón, que para poder alcanzar el poder asesinó a todos sus hermanos. Pero sólo gobernó Israel durante tres años. Debido al mal que había cometido, Dios hizo que hubiera enemistad entre la gente de Siquem y Abimelec. Cuando capturó a Tebes e iba a prenderle fuego a la torre, donde todo el pueblo se había refugiado, una mujer le tiró una piedra a la cabeza; pero para que no se dijera que una mujer lo había matado, Abimelec le ordenó a uno de sus soldados que lo traspasara con su espada.

Tola y Jair

Después de la muerte de Abimelec, lola, que era de la region de Efraím, surgió para salvar a Israel. El gobernó a Israel durante 23 años hasta su muerte. Después lo siguió Jair, el cual gobernó a Israel por 22 años.

Jefté

Una vez más volvieron los israelitas a adorar los falsos ídolos de sus vecinos. Para castigarlos, Dios permitió que los hijos de Ammón y los filisteos los oprimieran. En aquella época había un hombre llamado Jefté, hijo de Galad. Sus hermanos lo habían expulsado del hogar y se había hecho jefe de una banda de ladrones.

Cuando los hijos de Ammón atacaron a Israel, los ancianos pidieron a Jefté que los guiase en la guerra contra los enemigos. Cuando Jefté salía a luchar contra los hijos de Ammón en Masfa de Galad, Jefté prometió a Dios que la primera persona que él encontrase saliendo de su casa, después de haber ganado la batalla, sería ofrecida al Señor como sacrificio. Muy grande fue la tristeza de Jefté al ver salir de su casa a su propia y única hija; pero Jefté cumplió su promesa a Dios. Entonces Jefté derrotó a los efraimitas y juzgó a Israel por seis años.

Sansón

Dios entregó a los israelitas en manos de los filisteos porque habían cometido de nuevo pecados contra El. Esta opresión duró cuarenta años. Un día, el ángel del Señor se le apareció a Manué y su mujer, diciéndoles que ellos habrían de tener un hijo de nombre Sansón, el cual sería el libertador de su pueblo. Sansón debía ser consagrado al Señor y jamás debía cortarse el pelo. De niño tenía una gran fuerza, pues en cierta ocasión había triturado a un león con sus propias manos, y también había matado a treinta filisteos sin ayuda ajena. Entonces amarró antorchas encendidas a los rabos de 300 zorras, las cuales soltó en los trigales y viñedos de los filisteos. Después de ésto, sus enemigos lo persiguieron y lograron capturarlo, por medio del engaño. Pero Sansón soltó las amarras y mató a cien de ellos con el hueso de la quijada de un asno. La próxima vez que cayó prisionero, Sansón se fugó de la cárcel llevando las puertas de la prisión a sus espaldas.

La segunda esposa de Sansón fue **Dalila**, la cual pronto supo el secreto de la fuerza de Sansón y se lo dijo a los filisteos. La fuerza de Sansón se originaba en su pelo. Un día, mientras él dormía, Dalila le cortó los cabellos. Entonces los filisteos lo amarraron, le sacaron los ojos, y lo arrojaron en una prisión, donde fue obligado a dar vueltas a una muela de trigo.

Sansón suplicó a Dios que le devolviera su fortaleza. El Señor respondió a su ruego. Mientras Sansón estaba en el tem-

Samsón sacude el pilar y destruye el templo de Dágon.

plo de los filisteos, se colocó en medio de las dos columnas principales del templo y, estremeciéndolas violentamente, hizo que el templo se desplomara, muriendo Sansón y todos aquellos que se encontraban en el templo. Sansón había juzgado a Israel por veinte años.

La amenaza de los filisteos

La amenaza mayor para los israelitas en esta época provenía de una posible invasión de los filisteos. Estos eran parte de una ola de emigrantes provenientes de las islas griegas y de las costas del Asia menor, a los cuales los egipcios llamaban "las Gentes del Mar."

No pudiendo conquistar a Egipto debido a la resistencia ofrecida por Ramsés III (1175-1144), los filisteos se establecieron a lo largo de la llanura costera de Canaán, en donde establecieron una confederación de ciudades estados. Desde allítrataron de apoderarse de toda la región montañosa y estuvieron a punto de lograr su empeño, de tal forma, que el nombre dado hasta el día de hoy a toda esta región, Palestina, es un derivado del nombre **filisteo**. Esta raza no fue definitivamente vencida hasta los tiempos de David.

Heli

Heli era un santo hombre el cual juzgó a Israel por espacio de cuarenta años. El tuvo dos hijos, Ofni y Finees, los cuales eran muy malvados, no respetando ni a Dios ni a las funciones sacerdotales. Cuando Heli se enteró de los pecados que ellos cometían, él les hizo una advertencia; pero no fue lo suficientemente firme con ellos. Entonces Dios envió Su mensajero a Heli para decirle que tanto sus dos hijos como él mismo habrian de ser castigados severamente.

Cuando los filisteos se alzaron en armas contra Israel y lo derrotaron, el Arca de la Alianza cayó en manos del enemigo quien la llevó a su propio templo. Ofni y Finees fueron muertos en le campo de batalla y, cuando Heli escuchó esta mala noticia, cayó de espaldas en la silla en que estaba sentado y murió.

Ahora bien, doquiera que los filisteos llevaban el Arca, llevaban consigo muerte y también una plaga de ratas.

Entonces los filisteos colocaron el Arca en un carro, al cual ataron un par de vacas, colocando ofrendas de oro en forma de las plagas que los habían asolado, en el carro. El carro, arrastrado por las vacas y sin guía alguno, inmedíatamente se movió en dirección a Bet Semes. Viendo esto, supieron los filisteos que había sido el Dios de Israel quien los había castigado.

Los levitas colocaron el Arca en una gran piedra y comenzaron a preparar un sacrificio. Pero todos aquellos que habían posado sus ojos sobre el Area descubierta, desobedeciendo la ley, murieron instantáneamente.

Después de ésto, las gentes de Quiriat-Jearim trajeron el Arca hasta la casa de **Abinadab**. Su hijo Eliezer fue consagrado como custodio del Arca. Allí permaneció el Arca por veinte años y los israelitas se arrepintieron de sus pecados y volvieron sus ojos al Señor.

Samuel

Samuel era hijo de Elcana y de su santa esposa Ana, los cuales vivían en Silo. Como acción de gracias a Dios por haberle mandado un hijo, Ana lo dedicó al servicio del Señor desde su más tierna infancia. Después de la muerte de Heli, Samuel se convirtió en juez de Israel. El logró que el pueblo se alejase de los ídolos. Samuel ordenó que todo el pueblo se congregase en Masfa para rogar por el perdón de Dios. Derramaron agua sobre la tierra e hicieron ayunos, confesando sus pecados al Señor.

Cuando Samuel ya estaba viejo, nombro a sus dos hijos, Joel y Abia, para que juzgaran a Israel; pero éstos no siguieron el buen ejemplo de su padre y aceptaron presentes, violando las leyes. Entonces los ancianos de Israel suplicaron a Samuel que les diese un rey que los gobernase.

Después de consultar a Dios, Samuel fue ordenado que dijese a todo el pueblo como sería el gobierno bajo un rey y las imposiciones que este rey habría de hacerles. Pero, a pesar de esta advertencia, el pueblo insistía en que deseaba ser gobernados por un rey. Entonces el Señor dijo a Samuel que El enviaría a un hombre de la tribu de Benjamín, el cual reinaría sobre Su pueblo.

Samuel presenta Saúl al pueblo como rey.

EL REINO DE SAUL (Aproximademente 1020-1000 AC.)

Samuel llamó a Saúl y lo ungió como rey, tal como el Señor se lo había ordenado. Cuando el pueblo se reunió, Samuel ordenó que cada tribu y cada familia echara suertes, y la suerte cayó sobre Saúl de la tribu de Benjamín. Cuando éste se puso de pie era mucho más alto que el resto de la gente. Entonces todos gritaron: "¡Viva el rey!".

Victoria sobre los amonitas

Cuando Saúl escuchó la noticia de que los amonitas habían rodeado a Jabes Galad, envió mensajeros a todo el pueblo ordenándoles que debían seguirlo o de lo contrario los mandaría a matar; trescientos mil hombres de Israel y setenta mil de Judá acudieron a su llamada. Al día siguiente, Saúl invadió el campo enemigo y los destruyó.

Después de ésto, Samuel reunió a todo el pueblo en Gálgala, donde les ordenó que aceptaran a Saúl como rey. Así lo hicieron, celebrando después sacrificios de paz al Señor.

Samuel se Retira

Antes de que las celebraciones terminasen, Samuel llamó a todas las gentes para que fuesen testigos de su gobierno en presencia de Dios. Todo el pueblo reunido exclamó: "No nos has perjudicado, no nos has oprimido, de nadie has aceptado nada". Entonces este santo hombre les dijo que permanecieran fieles a Dios, advirtiendo a Saúl que si él y su pueblo no permanecían fieles al Señor, El habría de castigarlos severamente.

Primer Pecado de Saúl

Poco tiempo después los filisteos se reunieron en Mijmas para atacar a los israelitas. El pueblo se atemorizó viendo tantos enemigos dispuestos a atacarlo. Durante siete días Saúl esperó por Samuel para ofrecer un sacrificio; pero Samuel demoraba en llegar y Saúl cada vez estaba más impaciente y ofreció el sacrificio él mismo, sin ser sacerdote. En el momento en que Saúl terminaba de hacer el sacrificio apareció Samuel, el cual reprobó lo que éste había hecho. Entonces le dijo que ya que había desobedecido las leyes del Señor, su reino no duraría y sería entregado a otro.

Otras Victorias

Pero todavía Dios permitió que Saúl derrotara a sus enemigos. El hijo de Saúl, Jonatán, y su escudero, sorprendieron y derrotaron a un grupo de enemigos. El Señor estaba con él, porque los hombres pensaron que habían sido traicionados y se atacaron los unos a los otros. En la confusión, los israelitas, mandados por Saúl, corrieron sobre los enemigos y los destruyeron por completo. Saúl peleó con valentía y se impuso sobre muchas naciones vecinas a su reino.

Segundo Pecado de Saúl

Samuel dijo a Saúl que Dios quería que él marchase contra los amalecitas y los destruyera. Pero Saúl desobedeció al Señor, porque aunque él los derroto, no destruyó lo mejor del ganado del enemigo.

Samuel reprobó a Saúl diciéndole que había agraviado al Señor. Saúl trató de excusarse de su desobediencia diciendo que habia guardado aquellos ganados para ofrecérselos como sacrificio al Señor. Samuel dijo a Saúl: "La obediencia es mejor que el sacrificio. Por lo tanto, El te rechaza como rey y ha escogido a otro." Entonces Samuel ordenó que el rey Agag, rey de Amalec, fuese ejecutado.

David es Escogido

Después de ésto, Samuel fue enviado por Dios a casa de Isaí en Belén; porque El había escogido uno de sus hijos para que fuese rey en lugar de Saúl. Samuel llevó consigo una ternera para ser ofrecida como sacrificio, según lo había ordenado el Señor. Cuando todos se hubieron reunido para el banquete, Isaí presentó sus hijos a Samuel. Pero el Señor dijo a Samuel que ninguno de aquellos había sido el elegido. Por último, el más joven de los hermanos fue traido desde los campos; era David. Siguiendo la orden del Señor, Samuel ungió a David delante de todos sus hermanos; y, desde entonces, el espíritu del Señor estuvo con David.

Mientras tanto, un mal espíritu había entrado en el alma de Saúl. Sus sirvientes le habían dicho que sabían de un joven que tocaba el arpa maravillosamente, y que vivía en Belén y que debía traerlo junto a él para que aliviara su espíritu con la música. Así fue que David fue llevado hasta Saúl. Tanto se complació Saúl con David que lo nombro su escudero.

David prepara su honda para atacar a Goliat.

David y Goliat

Entonces los filisteos decidieron atacar a Israel. Los dos ejércitos acamparon uno frente al otro. Había entre los filisteos un gigante de nombre Goliat, el cual desafió a los israelitas y los invitaba a luchar con él.

Entretanto, Isaí había enviado a David al campamento a llevar provisiones a sus hermanos, los cuales estaban luchando en el ejército de Saúl. David aseguró a Saúl que él podría librar a Israel de los insultos del gigantesco filisteo.

Armado solamente con un báculo de pastor y una honda, David tomó cinco piedras de un arroyo cercano y, poniendo toda su confianza en el Señor, colocó una piedra en su honda, lanzándola contra Goliat. La piedra se encajó en el cerebro de Goliat, el cual cayó al suelo mortalmente herido. Entonces David cortó la cabeza de Goliat con su propia espada. Cuando los filisteos vieron que el gigante había muerto, huyeron en retirada e Israel ganó fácilmente esta victoria.

Los Celos de Saúl

Cuando David regresaba, las mujeres salieron a recibirlo, bailando y cantando cánticos de triunfo: "Saúl mató sus mil, pero David sus diez mil." Esto hizo que Saúl se enfadase sobremanera y se pusiera celoso de David, y buscó la manera de matarlo. David se refugió con Ajimelec, el gran sacerdote, en Nob. Cuando Saúl supo de ésto hizo mandar a matar todos los habitantes de Nob, incluyendo 85 sacerdotes.

David Evita la Muerte de Saúl

En dos ocasiones diversas después de ésto, Saúl estuvo en manos de David, pero cada vez, David trató de evitar su muerte. La primera vez, Saúl entró en una cueva en la cual se encontraban David y sus hombres escondidos. David cortó el borde de la vestidura de Saúl y permitió que se fuese. La segunda vez, David entró en la tienda de Saúl por la noche, mientras dormían los guardías, y tomó su copa y su lanza.

Cuando David le mostró ésto, Saúl vio que en verdad Dios acompañaba David, y sintió arrepentimiento por sus pecados. Mientras tanto Samuel había muerto y todo Israel lo lamentó y fue enterrado en Rama.

La Bruja de Endor

Debido a la desobediencia y falta de fe de Saúl, Dios permitió que los filisteos volvieran a hacerle la guerra. En su desesperación, Saúl consultó a una bruja, o medium, acerca del desenlace de la batalla. El espíritu de Samuel se le aparecio a Saúl, diciéndole que el próximo día tanto él como sus hijos morirían en el campo de batalla y que el pueblo de Israel sería entregado a manos del enemigo.

Muerte de Saúl

Al día siguiente sucedió lo que había predicho Samuel. Los israelitas huyeron ante el avance de los filisteos y Saúl y sus hijos fueron heridos. Al verse herido, Saúl pidió a su escudero que lo matase, pero éste se negó; entonces Saúl se arrojó sobre su propia espada, matándose. Entonces el escudero, al ver que Saúl y sus hijos habían muerto, también se quitó la vida. Cuando la noticia llegó hasta oidos de David, él y todos sus hombres lo lamentaron e hicieron ayuno por Saúl y Jonatán, y todos aquellos valientes israelitas que habían sucumbido en la batalla.

EL REINO DE DAVID (Aproximadamente 1000-962 A.C.)

David es Ungido como Rey

Después de la muerte de Saúl, David preguntó al Señor si debía ir a una de las ciudades de Judá. Dios le dijo que fuese a Hebrón, así que allí fue David con sus dos esposas, llevando consigo a sus hombres y las familias de éstos. Allí fue ungido como rey de Judá.

Isbaal

Pero el general de Saúl, llamado Abner, colocó a Isbaal, hijo de Saúl, en el trono de Israel. Isbaal reinó sobre Israel por dos años. David gobernó como rey en Judá durante siete años.

Los dos bandos tuvieron un encuentro en Gabaón. Abner y los servidores de Isbaal, en contra de Joab y los servidores de David. Después de una fiera batalla, Israel fue vencido. Asael, hermano de Joab, fue en persecución de Abner, pero éste logró matarlo.

Abner es Matado

Una larga guerra sucedió entre los dos reinos. Durante este tiempo, Isbaal trató injustamente a Abner y éste, en venganza, envió mensajeros a David buscando una reconciliación. David accedió con la condición de que Micol, la hija de Saúl, con quien él se había casado, fuera llevada hasta él. En esta forma se logró la paz entre David y Abner.

Cuando Joab supo estas nuevas, montó en colera y apuñaló a Abner en Hebrón, para vengar la muerte de su hermano. David y todo el pueblo lamentaron la muerte de Abner y David ayunó todo un día como señal de duelo.

Muerte de Isbaal

Una noche, mientras Isbaal dormía, dos de sus oficiales lo mataron y cortaron su cabeza, la cual llevaron hasta David. En lugar de la esperada recompensa, David los condenó a muerte por el terrible crimen que habían cometido.

Entonces todas las tribus de Israel fueron hasta Hebrón a encontrarse con David. Ellos le recordaron lo que el Señor le había dicho: "Apacienta mi pueblo y sé el jefe de Israel." Entonces David hizo un acuerdo con ellos y fue ungido como

David canta y baila al llevar el Arca a Jerusalén.

rey de Israel. David reino durante cuarenta años: siete sobre Judá y 33 años sobre Judá e Israel.

La Toma de Sión

Entonces el Rey David y sus hombres marcharon hacia Jerusalén. La gente de esta ciudad confiaba en las fuertes murallas para ser protegidos contra cualquier ataque. Pero David se apoderó de la ciudad e hizo de ella la capital del reino.

Después de consultar al Señor, David atacó a los filisteos, que habían acudido a atacarlo. Dios estaba al lado de David, haciéndole que ganara la batalla.

El Arca

David y todo el pueblo fueron hasta Baalat en Judá para traer el Arca del Señor a Jerusalén. Durante el viaje, Oza tocó el Arca con su mano para impedir que cayera al suelo, e inmediatamente cayó muerto al suelo. El Rey David iba danzando lleno de alegría delante del Arca y todo el pueblo se unió a los festejos de esta gran ocasión. El Arca fue colocada en la tienda que David había mandado hacer especialmente para ella.

Victorias de David

Dondequiera que David participaba en una batalla, Dios le concedía la victoria. Primero derrotó a los filisteos y tomó todas sus pertenencias; la siguiente batalla fue contra el rey de Soba. También sometió bajo su poder a los hijos de Ammón, a los moabitas y arameos. Ahora el reino de David se extendía desde el río Eúfrates al Mar Mediterráneo, y desde Fenicia hasta el Mar Arábigo.

El Pecado de David

Un día mientras David caminaba por la terraza de su palacio, observó a una mujer muy bella. Su nombre era Betsabé y era la esposa de Urías, escudero de Joab. Para poder hacer que esta mujer fuera su esposa, David ordenó a Joab que colocase a Urías en donde hubiese más peligro. Joab cumplió la orden y Urías fue muerto en batalla.

Castigo de David

El Señor estaba enojado con David por lo que éste había hecho, y envió al profeta **Natán** para recordarle a David su pecado y predecirle que el hijo que nacería de Betsabé habría de morir. También dijo Natán a David que el Señor enviaría grandes males sobre su casa.

Esto llego a suceder, pues el propio hijo de David, Absalón, mató a su medio-hermano y huyó del país. Más tarde David perdonó a Absalón y éste regresó.

No pasó mucho tiempo sin que Absalón intrigara para dividir el reino. Muchos de los israelitas se pasaron a su lado y lo declararon rey de Israel. David, junto con sus oficiales y servidumbre, dejó el palacio y huyó de la ciudad. Entonces Absalón entró en la ciudad de Jerusalén con los israelitas y comenzó a cometer horrendos pecados, aún en publico. Pero David reunió sus tropas y derrotó a Absalón, el cual fue muerto por Joab mientras colgaba de sus cabellos, los cuales estaban enredados en la rama de una encina.

Nuevo Pecado de David

Después de la muerte de Absalón, David regresó triunfante a Jerusalén.

Fue entonces que David ordenó a Joab que hiciese un censo de todo el pueblo de Israel y Judá. David había dado esta orden por orgullo y, por ello, Dios lo castigó mandando una plaga que mató 70,000 personas.

Cuando David vio ésto, dijo al Señor: "Yo he pecado; pero éstos, la ovejas, ¿qué han hecho? Caiga tu mano sobre mi y sobre la casa de mi padre." Entonces David construyó un altar al Señor y ofreció sacrificios de arrepentimiento.

Unción de Salomón

Estando David ya avanzando en años mantuvo su promesa hecha a Betsabé, de que el hijo de ambos, Salomón, lo sucedería en el trono. Entonces el sacerdote Sadoc y el profeta Natán ungieron a Salomón como rey. Entonces sonaron las trompetas y el pueblo entero gritó: "¡Viva el rey Salomón!"

Muerte de David

Viéndose cercano a la muerte, David llamó a Salomón a su lado para darle sus últimas instrucciones. Le dijo que observase siempre las leyes del Señor y sus decretos escritos en la ley de Moisés.

David murió a los 77 años de edad y fue enterrado en la Ciudad de David, dejando memoria imperecedera en su pueblo. Se le considera como un rey noble, profeta inspirado y sublime poeta. Varias obras fueron escritas por él, entre ellas los Salmos.

EL REINO DE SALOMON (Aproximademente 962-922 AC.)

Este rey fue famoso por su excepcional sabiduría e inmensa riqueza. Su reino comenzó con una revolución, formada por su hermano Adonías en unión de Joab y el sacerdote Abiatar, que trataron de destronar a Salomón, pero él los mandó a ejecutar a todos.

Alianza con Egipto

Cuando su reino estuvo sólidamente establecido, Salomón se casó con la hija del Faraón formando, con este matrimonio, una alianza con Egipto.

El Señor habla a Salomón en sueños.

Salomón tuvo un sueño en el cual se le apareció el Señor, El cual le dijo que pidiese cualquier cosa que él desease. Salomón, comprendiendo la gran responsabilidad de gobernar a un pueblo tan numeroso, humildemente le pidió a Dios el don de la sabiduría, para poder juzgar correctamente y discernir entre el bien y el mal. Dios fue complacido con la petición de Salomón y, no sólo le concedió lo que él había pedido, sino que además le otorgó a Salomón grandes riquezas y glorias.

Juicio de Salomón

Pronto se presentó la ocasión para demonstrar la sabiduría que Dios le había concedido. Dos mujeres se presentaron ante el rey con un niño. Cada una decía que el niño era suyo. Salomón entonces ordenó que el niño fuera cortado en dos y se le diera la mitad a cada mujer. La verdadera madre del niño rogó a Salomón que no ejecutara esa orden, que ella prefería que el niño viviese y fuese dado a la otra mujer. Supo entonces Salomón cuál era la verdadera madre del niño y se lo dio. Todo el mundo se admiraba de la gran sabiduría demostrada por Salomón, que había sido un don del Señor.

Gloria de Salomón

Salomón reinó sobre un vasto territorio, comprendiendo a Judá e Israel, y todo el pueblo vivió en paz. Tenía flotas mercantes que comerciaban con otras naciones, trayendo valiosos productos que añadieron esplendor a sus reino.

Sin embargo, la gran obra del reino de Salomón fue la construcción del Templo de Jerusalén en honor del Señor, como Dios se lo había anunciado a David. Hiram, rey de Tiro, contribuyó con cedros y cipreses para dicha construcción. El templo fue construido de piedra, la cual era cortada y preparada en las canteras. De esta forma, nunca resonó en el Templo el ruido de los martillos, hachas o herramientas de hierro durante la construcción.

Miles de hombres fueron empleados en la construcción del Templo, incluyendo israelitas, egipcios y sirios; dicha construcción tomó siete años. Cuando estuvo terminado, Salomón convocó a todos los jefes de su reino en Jerusalén. Todos marcharon en procesión, con los sacerdotes llevando el Arca del Señor y los vasos sagrados.

Cuando los sacerdotes hubieron depositado el Arca en su lugar, la nube llenó el templo y la gloria del Señor cubrió todo el lugar. Entonces el Rey Salomón hizo una solemne oración de petición a Dios, después de la cual se ofrecieron sacrificios.

Además del templo, Salomón mandó construir un palacio para él en Jerusalén y otro para su reina. Los soldados que formaban la guardía llevaban armas de oro. Además, construyó varios pueblos y fortificó aquellos que estaban débiles.

Dios prometió a Salomón que mientras él observara todas Sus leyes y decretos, siempre habría alguno de sus descendientes gobernando desde el trono de Israel. Mas, sin embargo, si él o alguno de sus descendientes desobedecía los mandamientos y estatutos, Israel sería arrasada y el templo reducido a cenizas. Los hombres sabrían que ésto había sucedido porque Israel había abandonado el sendero del Señor y había idolatrado falsos ídolos, atrayendo sobre sí la cólera del Señor.

La Reina de Saba

Llegaron noticias a oidos de esta reina de la gran sabiduría y riquezas del Rey Salomón y se dispuso a viajar una gran distancia, desde Arabia, para visitar a Salomón, llevando con ella regalos de inapreciable valor. Pero sobre todo, ella quería interrogarlo en muchas questiones. Sus respuestas y explicaciones fueron tales que la dejaron atónita ante la magnitud de su sabiduría, haciendo que ella exclamase: "Bendito sea el Señor, tu Dios, que te ha hecho la gracia de ponerte sobre el trono de Israel. Por el amor que tiene siempre a Israel, te ha hecho su rey para que lo guíes con rectitud y justicia."

Los Pecados de Salomón

Además de la hija de Faraón, Salomón se casó con mujeres de naciones enemigas de Dios. Dicha naciones adoraban falsos ídolos y se postraban ante falsos dioses. Por eso Dios le dijo que puesto que él no había observado Su Alianza y mandamientos, el reino le sería quitado a sus descendientes. Dios dijo que solamente una tribu le dejaría a su hijo, debido a la promesa hecha por Dios a David.

Después de ésto, Dios envió diferentes enemigos contra Salomón. Entonces el profeta Ajías dijo a Jeroboam, uno de los sirvientes de Salomón que se había revelado contra él, que él habría de reinar sobre diez de las tribus de Israel. Salomón reinó en Jerusalén por cuarenta años. Cuando murió fue enterrado en la Cuidad de David.

LA DIVISION DE LAS TRIBUS (922 A.C.)

Roboam, su hijo, sucedió a Salomón y fue ungido en Siquem. Los ancianos, bajo la jefatura de **Jeroboam**, pidieron al joven rey que levantase las opresivas cargas que el rey Salomón había impuesto sobre ellos. Pero el nuevo rey no prestó atención a esta queja y, siguiendo el consejo de los jóvenes a su alrededor, ordenó nuevos impuestos.

Entonces diez de las tribus se pusieron a sí mismas bajo el mandato de Jeroboam, al cual hicieron rey. De esta forma se dividió el reino de Israel: las diez tribus formaron el nuevo remo de Israel, mientras que las tribus de Judá y Benjamín formaron el nuevo reino de Judá, y fueron regidas por **Roboam**.

EL REINO DE ISRAEL (922-722 A.C.)

Jeroboam mandó a fabricar dos becerros de oro y alentó al pueblo para que adorase estos ídolos en lugar de ir hasta Jerusalén a rendir culto en el templo. El hacía esto con la idea de impedir que ellos regresaran al Rey Roboam.

Desde Jeroboam hasta Acab (922-850 A.C.)

Aunque los profetas advirtieron a Jeroboam que Dios habría de castigarlo por su maldad, él continuaba su vida de pecado, consagrando sacerdotes elegidos entre la gente del pueblo y que no pertenecían a la casa de Aarón. El profeta Ajías le dijo que Dios estaba enojado con él, y puesto que él idolatraba los ídolos, grandes males le sucederían, ya que todo varón de su descendencia moriría. Jeroboam gobernó por 22 años y toda su familia fue asesinada.

Nadab, su hijo, le sucedió en el trono, pero sólo gobernó Israel por dos años. Este era tan malvado como su padre. **Basa**, hijo de Ajías, de la tribu de Isacar, conspiró contra él y le mató. Cuando el Señor envió a Jehú, el profeta, para que advirtiese a Basa de que habría de terminar igual que Jeroboam y toda su casa, él lo mató. Basa reinó en Israel por 24 años.

Su hijo Ela, lo sucedió, gobernando tan sólo por dos años. Su propio sirviente, Zimri, conspiró en su contra y lo mató a él y toda su casa, como el Señor lo había anunciado. Zimri gobernór sólo por siete días.

Omri llegó a ser rey de Israel y gobernó por doce años. El había sido general del ejército y había sido escogido por los mismos soldados para ser rey. También su vida estuvo llena de pecado. Cuando murió fue enterrado en Samaria.

Acab, hijo de Omri, reinó sobre Israel en Samaria por 22 años. Este rey fue aun más malvado que todos sus antecesores; se había casado con una mujer, de nombre Jezabel, de gran maldad que idolatraba al dios Baal, al cual ordenó construir un altar en Samaria.

Fueron tantos los pecados de Acab, que el profeta **Elías** predijo una gran sequía que asolaría al país durante tres años.

Fue durante este tiempo que Dios instruyó a Elías para que fuese a Sarepta, donde cierta viuda habría de hacerse cargo de

En respuesta a Elías el fuego consume el holocausto.

sus necesidades. Cuando Elías le pidió que le preparase algo de comer, la viuda le dijo que todo lo que le quedaba era suficiente sólo para una comida, para ella y para su hijo. Pero Elías le dio alientos y le rogó que hiciese lo que él le pedía, diciéndole que el Señor habría de ayudarla. Entonces ella preparó los alimentos para Elías y también tuvo suficiente para mantenerse ella y su hijo, tal como Elías le había vaticinado.

Entonces Elías obró un gran milagro ante el pueblo invocando a Dios que mandase fuego del cielo que consumiese el holocausto. Los falsos profetas de Baal invocaron a éste; pero, por supuesto, nada sucedió. Entonces la multitud apresó a los falsos profetas de Baal y les dio muerte.

Acab deseaba un viñedo que pertenecía a un hombre llamado Nabot, pero Nabot rehusaba cederle su herencia. Por medio de mentiras, Jezabel logró desacreditar a Nabot delante de los Ancianos, los cuales mandaron que fuese ejecutado. Entonces Acab tomó posesión del viñedo de Nabot.

Desde Ocozías a Jeroboam II (849-740 A.C.)

Acab murió en una batalla siendo sucedido por su hijo, Ocozías, tan malvado y cruel como lo habían sido sus padres. El reinó sólo dos años.

Joram era hermano de Ocozías y le sucedió como rey, puesto que Ocozías no tenía hijos. El era igualmente pecador como su hermano. El y el resto de sus hermanos fueron asesinados por Jehú, el cual había sido escogido por Dios para suceder en el trono de Israel. Jezabel también fue muerta y su cadáver fue comido por los perros en el viñedo de Nabot, tal como lo había dicho el Señor.

Jehú fue a Samaria, donde dio muerte al resto de los miembros de la línea de Acab. Esto completó la profecía que Dios había hablado a traves de Elías. Entonces Jehú llamó a todos los adoradores de Baal a que vinieran al templo. Mientras ofrecían sacrificios a Baal, él mandó que todos fueran matados. Jehú no observó los mandamientos de Dios, porque impidió al pueblo que fuese a Jerusalén. Por lo tanto, Dios permitió que el rey de Siria asolase al país. Jehú reinó sobre Israel en Samaria por 28 años.

Joás permaneció fiel mientras el profeta **Eliseo** vivió. Ganó muchas victorias sobre los sirios y también derrotó al rey de Judá. Entonces el robó el templo y el palacio de todo el oro y plata que contenían, trayendo el botín y también rehenes hasta Samaria. Murió un año más tarde y fue enterrado en esa tierra.

Jeroboam II era hijo de Joás y reinó durante 41 años en Israel. Fue tan malvado como Jeroboam I. El Señor tuvo piedad de Israel y usó de este malvado rey para restaurarle todo su territorio, tal como El lo había predicho a través del profeta Jonás.

La Caída de Samaria (746-722 A.C.)

Zacarías sucedió a su padre y gobernó sobre Israel por sólo seis meses. Siguió el mal ejemplo de su padre y fue muerto por **Selum**, el cual reinó por sólo un mes. Selum fue vencido y recibió la muerte a manos de **Menajem**, hijo de Gadí.

Menajem también continuó el mal ejemplo de Jeroboam. Trató de reforzar su poder a traveś de una cruenta tiranía. Fue atacado por el rey de Asiria, pero logró obtener la paz medíante el pago de mil talentos de plata, que había obtenido de los ricos. Menajem no vivió mucho tiempo después de ésto y le sucedió su hijo **Pecaia**, el cual reinó sólo por dos años. Pecaia tenía un ayudante, Pecaia, el cual conspiró contra él, haciéndole dar muerte.

Durante el remado de **Pecaia**, Judá abandonó los caminos del Señor y de sus padres y entonces el Señor la entregó a manos de Pecaia, el cual ganó una victoria absoluta sobre Ajaz, rey de Judá; pero el rey de Asiria atacó y destruyó partes de Israel y deportó a todos sus habitantes a su propio país. Pecaia fue muerto por Oseas, después de haber reinado durante veinte años.

Oseas reinó sobre Israel por sólo nueve años y también él llevó una vida de pecado. Ya que los israelitas habían pecado contra el Señor, El envió a Salmanasar, rey de Asiria, a que atacase a Israel. Durante el primer ataque, Oseas se convirtió en vasallo de Salmanasar y le rindió tributo. Cuando Oseas fue hallado culpable de conspirar y de rehusar pagar tributo, fue hecho prisionero por Salmanasar. Entonces este rey atacó a Israel, poniendo sitio a Samaria por espacio de tres años.

Durante el sitio, Salmanasar V murió y su hijo Sargón II subió al poder. Su ejército logró dominar la Samaria y se llevó consigo a Babilonia alrededor de 28,000 personas, que había escogido entre lo más afluyente del Reino del Norte. Al mismo tiempo, él repobló todo el territorio conquistado con gente que mandó a buscar de Babilonia y Siria. Esta nueva población se mezcló con los campesinos y clases bajas que habían quebado en Israel y sus descendientes llegaron a ser conocidos por el nombre de Samaritanos.

EL REINO DE JUDA (922-586 A.C.)

Aunque muchos de los reyes de Judá fueron malvados, hubo algunos que fueron justos y gobernaron fielmente al pueblo. Lo contrario que Israel, el remo de Judá retuvo el culto al Dios verdadero y tuvo la verdadera orden del sacerdocio.

Desde Roboam hasta Josafat (922-849 A.C.)

Roboam, hijo de Salomón, reinó en Jerusalén por 17 años. Al principio de su reinado el pueblo se mantuvo fiel a Dios. Sin embargo, tan pronto como pensaron que estaban seguros empezaron a adorar los ídolos y a seguir las costumbres de los paganos. El Señor los castigó permitiendo que Sesac, rey de Egipto, atacase a Jerusalén. El saqueó la ciudad, llevándose consigo incluso los tesoros dél templo.

Abiam luchó contra Jeroboam, rey de Israel. Aunque Israel preparó una celada para atacar a Judá por la retaguardía, la gente de Judá clamó al Señor por su ayuda. Dios oyó sus ruegos y Jeroboam y su ejército fueron derrotados. Pero Abiam fue infiel a Dios y cometió los mismos pecados que su padre había cometido. Reinó por sólo tres años.

Le sucedió su hijo, **Asa**, cuando sólo era un niño. El era un rey bueno y piadoso como lo había sido David, a pesar de lo malvada que era su abuela, la cual trató de esparcir la idolatría. Asa ordenó que ella fuera destituida en cuanto él fue lo suficientemente mayor para gobernar. Entonces destruyó los altares de los ídolos y los rompió en pedazos. Bajo el gobierno de Asa, el pueblo regresó a Dios y hubo paz en el reino por diez años.

Durante todo el tiempo que Asa confió en Dios, ganó todas las batallas. Pero durante los últimos años de su reinado depositó su confianza en otro rey y no en el Señor. Cuando Dios le envió el profeta Hannai para que lo reprochase, él se enfureció y puso al profeta en prisión. Asa cayó enfermo pero aun así no buscó la ayuda de Dios. Murió en el año 41 de su reinado.

Josafat, hijo de Asa, llegó al trono cuando tenia 35 años de edad. El fue un buen rey que siguió las leyes de Dios. Envió sacerdotes y levitas para que visitasen las ciudades de Judá y enseñaran al pueblo. Dios lo recompensó por su fidelidad y llegó a ser muy poderoso y todos sus enemigos le temían.

Pero Josafat cometió el grave error de casar a su hijo con la hija de Acab, rey de Israel, entrando en esta forma en alianza con Acab. Aunque advertidos por el profeta Miqueas, los dos reyes se lanzaron a una batalla con el rey de Aram. Cuando Josafat iba a morir, llamó al Señor, El cual vino en su ayuda y lo salvó. Josafat se arrepintió de sus pecados y trajo de nuevo a su pueblo hasta el Señor. También designó jueces que resolvieran las disputas entre la gente.

Cuando Josafat fue informado que los moabitas se estaban preparando para atacarle, él ordenó que todo el pueblo de Judá hiciera ayuno y orase fervientemente al Señor. Dios envió al profeta para decir al rey y a todo el pueblo que El estaba con ellos. Después de haber rendido pleitesía a Dios, entraron en batalla contra los moabitas y ganaron una gran victoria. Josafat reino durante 25 años en Jerusalén.

Desde Joram hasta Ajaz (849-715 A.C.)

Joram, hijo de Josafat, no llevó una vida virtuosa como su padre, pues se dejó llevar por los consejos de su esposa, hija de Acab, rey de Israel, y condujo al pueblo hacia la idolatría. Dios envió al profeta Eliseo para decirle que él y su familia serían atacados por una plaga porque habían pecado contra el Señor.

Los filisteos y árabes atacaron e invadieron a Judá y se llevaron todas sus riquezas. El mismo Joram fue atacado por una horrible enfermedad y murió entre grandes dolores, después de haber reinado durante ocho años. Le fue denegado un entierro real.

Ocozías, el más joven de los hijos de Joram, subió al trono. Siguió los perversos caminos de su padre y reino sólo por un año en Jerusalén.

Su madre Atalía ordenó que todos los parientes del rey fuesen ejecutados, pero uno de sus hijos llamado Joás logró escapar. El fue rescatado por la hermana de su padre, la cual era esposa del gran sacerdote Joyada, y fue criado por ellos en secreto. Mientras tanto, Atalía ordenó construir ídolos en todo el territorio de su reino.

Cuando Joás creció fue sacado de su escondite y ungido como rey por Joyada. Atalía fue mandada a ejecutar por orden del gran sacerdote.

Joás permaneció fiel al Señor mientras vivió Joyada. Hizo restaurar el templo y ofreció sacrificios al Señor.

Cuando Joyada murió, el Rey Joás se pervirtió y comenzó a adorar los ídolos. Siendo acusado de sus pecados por el profeta Zacarías, hijo de Joyada, el rey hizo que lo lapidaran.

El Señor castigó a Judá mandando los arameos en contra de ella. Joás fue vencido y asesinado por sus propios sirvientes, después de haber reinado por cuarenta años. También a él le fue negado un entierro real.

Amasías, hijo de Joás, lo sucedió en el trono de Judá y reinó por 29 años. Mientras que él servía al Señor, permitía que el pueblo conservara los altares de los ídolos y les ofrecieran sacrificios.

Conquisto y arrasó a los edomitas y por ello fue reprobado por el rey de Israel. Entonces los israelitas marcharon sobre Judá y destruyeron a Jerusalén, apoderándose de todos los tesoros del templo. Amasías fue asesinado mientras trataba de escapar de Jerusalén.

Azarías tenía sólo dieciséis años de edad cuando sucedió a su padre en el trono, el cual gobernó por 52 años. Mientras el profeta **Zacarías** vivió, Azarías permaneció fiel al Señor. Con la ayuda de Dios derrotó los pueblos limítrofes e hizo grandes mejoras en su propio país.

Cuando adquirió gran poder y riquezas, Azarías se enorgulleció y ofendió a Dios. Quemaba incienso en el templo y fue reprobado por este pecado por el sacerdote. Por esta grave ofensa el Señor lo convirtió en leproso.

Jotam, hijo de Azarías, le sucedió en el trono y reinó en Jerusalén por dieciséis años. Fue un rey virtuoso y Dios estaba a su lado en todo lo que emprendió. Jotam edificó la Puerta Superior del templo. Su hijo Ajaz le sucedió como rey de Judá.

Ajaz también reinó por dieciséis años; pero, al contrario de su padre, fue un rey muy perverso. Adoraba los ídolos, y sacrificó en la pira a su propio hijo, de acuerdo con la costumbre de los pueblos paganos vecinos. Rehuso escuchar las advertencias del profeta Isaías.

Ajaz sufrió muchas derrotas y acudió al rey de Asiria en busca de ayuda. Saqueó la casa del Señor para poder pagar el tributo al rey de Asiria. Después de haber rendido pleitesía a dioses detestables buscando protección, sufrió desastres aún peores. Finalmente, en su ira, rompió los vasos sagrados. Cuando murió no tuvo un entierro real, debido a las maldades cometidas.

Ezequías (715-687 A.C.) y la Toma de Jerusalén (701 A.C.)

Ezequías, hijo de Ajaz llegó a ser rey y reinó por 29 años. Fue todo lo contrario que su padre y sirvió al Señor fielmente. En el primer mes de su reinado abrió las puertas del templo y ordenó que lo limpiaran y fuese restaurado a su esplendor original. Entonces mandó a buscar a los levitas y a los príncipes y los reunió, haciendo sacrificios y ofrendas en acción de gracias al Señor. La Pascua fue celebrada por todo el pueblo unido y se hicieron muchas reformas en la liturgia.

Todo lo hacía Ezequías de acuerdo con la voluntad de Dios y el Señor estuvo siempre a su lado. Judá fue amenazada por Senaquerib, rey de Asiria, el cual trató de que el pueblo se revelase en contra de su rey; pero Ezequías y el profeta Isaías elevaron sus oraciones pidiendo ayuda al Señor. Dios envió un ángel al campamento asirio y en una sola noche 185,000 hombres fueron destruidos. Senaquerib entonces decidió volver a su país.

Ezequías cayó seriamente enfermo e Isaías le previno de que estaba cercano a la muerte; Ezequías le suplicó al Señor que lo curase y le salvara la vida. El Señor escuchó su ruego y vivió quince años más. Cuando murió todo Judá lamentó su muerte y honró su memoria.

Manasés, Amón y Josías (687-609 A.C.)

Manasés, hijo de Ezequías, subió al trono y fue tan malvado como su padre había sido virtuoso. Adoró los ídolos y aún construyó altares a Baal en el mismo templo del Señor. No hubo pecado que no fuese cometido por este rey, derramando la sangre de muchos inocentes en Jerusalén y haciendo que su propio hijo fuera inmolado en el fuego.

Dios permitió que el rey de Asiria atacase a Judá y Manasés fue encadenado y llevado a Babilonia. Entonces Manasés se arrepintió de sus pecados y se humilló ante el Señor, pidiendo misericordía. El Señor escuchó su ruego y le permitió que pudiese regresar a Jerusalén.

Amón, hijo de Manasés, le sucedió como rey de Judá sobre la cual reino sólo por dos años. Fue extraordinariamente perverso, ofreciendo sacrificios a los ídolos, como su padre lo había hecho. Fue asesinado por su propia servidumbre y su hijo Josías, vino a gobernar en su lugar.

Josías tenía solamente ocho años de edad cuando se convirtió en rey, llegando a reinar por 31 años. Siendo aún muy joven, comenzo a servir al Dios de David, su antecesor, y a limpiar a Judá de toda traza del pecado de idolatría.

Restauró el templo y durante los trabajos de reparación, el sacerdote Helcías encontró el libro de la ley que había sido dado por el Señor por medio de Moisés. Cuando el libro fue presentado al rey, él reunió a todos los sacerdotes, profetas y al pueblo en el templo y les leyó lo que decía la ley.

Josías fue muerto en una batalla contra el Faraón Necao, rey de Egipto, y toda Judá lloró su muerte.

Final del Reino de Judá (609-586 A.C.)

Joacaz, hijo de Josías, fue proclamado rey por el pueblo. No se pareció en nada a su padre y llevó una vida llena de pecado. Reinó por sólo tres meses y fue hecho prisionero por el rey de Egipto, muriendo en el cautiverio.

Joaquín era hermano de Joacaz y fue colocado en el trono por el rey de Egipto. Reino durante once años en Jerusalén y fue tan malvado como su hermano. Durante su reinado, el Señor cumplió su amenaza en contra de Judá en castigo de los pecados de Manasés al derramar sangre inocente.

Después de su muerte, le sucedió su hijo Joaquín, el cual llegó solamente a reinar durante tres meses antes de que Nabucodonosor capturase a Jerusalén en el año 597 A.C., después de haberla sitiado por tres meses. Este rey extranjero saqueó el Templo y el palacio y tomó a diez mil de los más eminentes hombres, príncipes, guerreros, sacerdotes y artesanos y los deportó a Babilonia, en unión de Joaquín. En su lugar él puso en el trono a Sedecías, tío de Joaquín.

Sedecías reino durante once años en Jerusalén. Fue muy perverso y rechazó las palabras del Señor que le fueran dichas por medio del profeta Jeremías. Los sacerdotes y el pueblo cometieron horrendos crímenes y desecraron el Templo del Señor.

EL CAUTIVERIO EN BABILONIA (586-538 A.C.)

Caída de Jerusalén

Una y otra vez Dios había enviado a Sus profetas para advertir al pueblo, pues El deseaba salvarlos. Pero la gente no prestaba atención a estos mensajeros y se burlaba de ellos. Finalmente recibieron el castigo que los profetas habían anunciado.

En el año 588 Sedecías, contando con la ayuda de Hofra, rey de Egipto, y rehusando escuchar al profeta Jeremías, se rebeló en contra de Asiria. En venganza, Nabucodonosor sitió de nuevo a Jerusalén y finalmente la capturo en el año 586 A.C. La ciudad fue completamente destruida, el Templo y todos los edificios públicos incendíados y todo el país saqueado. El profeta Jeremías permaneció en Jerusalén después de su destrucción, pero más tarde fue exilado a Egipto.

Suerte de los Exilados

Miles de habitantes de Judá fueron nuevamente deportados a Babilonia, haciendo un total de alrededor de cincuenta mil las personas que Nabucodonosor había deportado en dos ocasiones. Algunos de los deportados no la pasaron muy mal, pues se les permitió que llevaran una vida normal, de acuerdo con sus propias leyes. Sin embargo, muchos fueron reducidos a la esclavitud y sufrieron la opresión de los vencedores.

Poco a poco los exilados se acostumbraron a su destino. Tomaron nombres, el calendario y la escritura de los babilonios. Aún más, llegaron a olvidarse del idioma hebreo y comenzaron a hablar el arameo, el cual, con el transcurso del tiempo, se convirtió en el idioma común del Pueblo Escogido.

El Profeta Ezequiel

El profeta Ezequiel que había sido llevado al exilio en el año 597 trabajó muy duro para dar alientos y valor a su pueblo. El les decía: (1) Quel el Señor los salvaría cuando ellos regresasen a El. (2) Que El los purificaría con agua y los santificaría con los dones del Espíritu. (3) El les daría un fiel pastor, un nuevo David. (4) El moraría en el nuevo Templo para renovar la

Ezequiel profetiza sobre los huesos secos de Israel.

Alianza con Su pueblo. (5) En la nueva Alianza cada individuo sufriría por sus propios pecados. (6) En el Nuevo Reino que sería fundado por el Mesías todas las naciones tomarían parte.

El Profeta Daniel

El profeta Daniel también habló a los judíos que vivían cerca de los canales de Babilonia. El les repetía que Dios deseaba que se convirtieran o arrepintieran a través del sufrimiento que estaban padeciendo.

El Profeta llamado "el Segundo Isaías"

Según pasaban los años, los más importantes personajes en el exilio en Babilonia fueron muriendo. Muchos de los exilados empezaron a dudar de las promesas del regreso a Jerusalén. Entonces un lejano discípulo del profeta Isaías escribió el "Libro de la Consolación de Israel", que podemos encontrar en los capítulos 40-55 del Libro de Isaías. El anunciaba a los judíos que muy pronto serían libertados. Con este propósito Dios habría de usar a Ciro, rey de los persas.

El profeta veía a Israel, sirviente de Yavé, en doloroso exilio, al cual el Señor purificaría de sus pecados y lo salvaría a través del sufrimiento. Entonces pensó en otro Siervo–el Redentor, El cual salvaría al mundo sufriendo por él.

El Libro de la Consolación ayudó a guiar las esperanzas mesiánicas de los pobres. Indicaba que el Mesías no habría de venir de entre los poderosos del mundo, mas vendría de entre los pobres, de entre aquellos que vivían de acuerdo con el espíritu de los profetas.

EL REGRESO Y LA RESTAURACION (538-515 A.C.)

El Regreso

En el año 538 Ciro cumplió las profecías del Segundo Isaías y capturó a Babilonia, sin tan siquiera entrar en batalla. Conquistó totalmente el Imperio Babilónico y abolió la política de deportación en masa, permitiendo que los cautivos, incluyendo a los hebreos, regresasen a sus tierras y construyeran sus templos.

Mas de 40,000 judíos regresaron a Jerusalén guiados por Zorobabel y Josué, aunque algunos decidieron permanecer en Babilonia, continuando la práctica de su religion lo mejor que pudieran.

La Restauración

Se formó una nueva comunidad compuesta de campesinos de Judá que habían permanecido en Palestina y mantenido la religión y los más inteligentes de los devotos religiosos que habían regresado del exilio, donde habían cuidado de las leyes del pasado y establecido nuevas reglas para el futuro.

Durante los años 538-515 la colonia judía que ocupaba un pequeño territorio alrededor de Jerusalén bajo Zorobabel, comenzó la construcción del Templo. El pueblo de Samaria trató de impedir que los judíos construyesen el templo. Enviaron una carta al rey aconsejándole que hiciese detener la

Los israelitas comienzan a reedificar el Templo.

construcción de las murallas de la ciudad, dando como razón que el pueblo se rebelaría una vez que la ciudad estuviese reconstruida. Por lo tanto, el rey ordenó que la construcción fuese detenida.

Entonces los profetas **Ageo** y **Zacarías** comenzaron a profetizar en nombre del Señor y alentar al pueblo a que continuase con la construcción. Cuando estuvo terminado el Templo, fue dedicado al Señor y se ofrecieron sacrificios en su nombre, tal como lo prescribía el libro de Moisés.

Esdras y Nehemías

Todas las leyes y costumbres antiguas fueron restauradas bajo la jefatura de estos dos hombres devotos.

Alrededor del año 445, **Nehemías**, un oficial de la corte de Artajerjes I, consiguió ser nombrado gobernador de Judá y reconstruyó las murallas de la ciudad santa; reorganizó la comunidad de los judíos, distinguiéndola de la de los samaritanos. En el año 389 **Esdras** llego a Jerusalén y estableció la obediencia a la Ley de Moisés (Neh. 8) y la renovación de la Alianza.

LOS PROFETAS

El Papel de los Profetas

Los libros proféticos de la Biblia, en unión a la prédica oral de los profetas, fueron el resultado de la institución de la profecía, en la cual una sucesión de israelitas escogidos por Dios y designados por El como profetas, recibieron Su mandato y lo transmitieron al pueblo en Su nombre.

Los profetas hablaban siempre en nombre de Dios, como intermedíarios entre El y Su pueblo. Las comunicaciones que ellos recibían del Señor, les llegaban a través de visiones, sueños o éxtasis y eran comunicadas al pueblo a través de sermones, escritos o acciones simbólicas.

El ser profeta era responder directamente a una llamada de Dios. No era el resultado de herencia, ni tampoco era un don permanente sino temporal, el cual estaba sujeto por completo a la voluntad divina. Los profetas conservaron y desarrollaron la religión, denunciaron la idolatría, defendieron las leyes de la moralidad, dieron consejos en asuntos políticos y, también frecuentemente, en cuestiones que afectaban la vida privada. Muchas veces sus prédicas se vieron confirmadas por milagros y sus predicciones del futuro aumentaron la esperanza del Mesías que habría de venir y de Su reino.

La forma literaria de la profecía usa de advertencias y amenazas, aparte de la exhortacción y promesa de declarar en nombre de Dios algún acontencimiento en el futuro cercano o lejano. Tonalidades amables y persuasivas se encuentran siempre en las promesas de recompensa y aún en las amenazas de algún castigo.

Clases de Profetas

Hubo cuatro grandes "profetas escritores" y doce menores, además de Baruc, el cual fue discípulo de Jeremías. Son llamados profetas "mayores" debido a la longitud de sus escritos y no debido a que hubiese alguna distinción entre ellos.

Los cuatro profetas mayores son: Isaías, Jeremías, Ezequiel y Daniel.

Los doce profetas menores son: Oseas, Joel, Amos, Abdías, Jonás, Miqueas, Nahum, Habacuc, Sofonías, Ageo, Zacarías y Malaquías.

El Profeta Isaías

Este magnífico poeta es el mayor de los profetas y uno de los más grandes testigos de la fe Mesiánica en Israel. Su ministerio comenzó en la segunda mitad del Siglo VIII A.C., cuando vio el derrumbe del Reino del Norte (722) y el peligro constante del Reino del Sur a manos de sus enemigos. Isaías fue un hombre de una gran visión, habilidad e influencia política cuyo mensaje siempre lleva huellas de majestuosidad, santidad y gloria al Señor en unión a las pequeñeces y pecados humanos. Sus profecías concernientes a Enmanuel son las más importantes, debido al caracter Mesiánico e influencia en la revelación Cristiana, contenidas en ellas.

Isaías atacó las injusticias sociales como aquello que indicaba lo tenuo de las relaciones entre el pueblo de Judá con Dios. Exhortaba a sus oyentes a que pusieran toda la confianza en Dios y que vivieran de acuerdo con ello. De esta forma la justicia y el derecho, enseñanza y palabra, el aseguramiento de

Un ángel toca los labios de Isaías con una brasa encendida.

la bendición divina sobre los fieles y el castigo a los infieles son temas que escuchamos una y otra vez en los mensajes del Unico Dios de Israel a un pueblo testarudo y orgulloso.

Como hemos visto, los Capítulos 40-55 (llamados Segundo Isaías) de su Libro son atribuidos a un poeta anónimo, el cual profetizó hacia fines del exilio en Babilonia. Los Capítulos 56-66 (Tercer Isaías) contienen oráculos pertenecientes a un período posterior y fueron escritos por discípulos que heredaron el espirítu y continuaron la obra de este gran profeta.

El Profeta Jeremías

Comenzó su carrera, a pesar de sí mismo, en el año 626 A.C. Este profeta "de la hora undécima" tuvo la tarea poco placentera de predecir la destrucción de la Ciudad Santa y del Reino del Sur, y de presenciar estos acontencimientos. También predijo el regreso desde el exilio y pronunció el gran oráculo de "la Nueva Alianza", llamado a veces "El Evangelio antes del Evangelio".

Este pasaje contiene enseñanza le más sublime y es uno de los más sobresalientes de toda la teología del Antiguo Testamento. Nos urge a continuar, aun hoy día, buscando más allá de una religión puramente formal y buscarla en una

El Señor toca la boca de Jeremías.

religión cerca del corazón. Debido a los muchos sufrimientos que padeció debido a sus prédicas, es considerado como antecesor de Jesucristo.

LOS CUATRO IMPERIOS

Desde la época de las reformas llevadas a cabo por Nehemías y Esdras el pueblo judío fué sometido a cuatro naciones diferentes. Esto duró hasta el tiempo de los Macabeos en el siglo segundo A.C.

Los Persas (538-333 A.C.)

Este imperio permitió que los judíos vivieran de acuerdo con sus propias leyes.Todo lo que se les pedía era el pago de un pequeño tributo. Hubo abundancia en los pueblos y campos, y el pueblo disfrutó de un periodo de paz y tranquilidad.

Los Griegos (333-168 A.C.)

Alejandro Magno terminó con el mandato de los Persas. Bajó por toda el Asia con su ejército, conquistando naciones y reyes, sometiéndolos a todos bajo su mando. Llegó hasta Jerusalén con la intención de castigar a los judíos por no sometérseles. Sin embargo, cuando se enfrentó con el Gran Sacerdote y los ciudadanos de Jerusalén, cambió de actitud hacia los judíos y les permitió que mantuvieran sus propias leyes y tradiciones.

Los Egipcios (300-200 A.C.)

Después de la muerte de Alejandro, los judíos estuvieron bajo el mandato del Rey Ptolomeo Il de Egipto. Aunque miles de judíos fueron esclavizados, fueron tratados favorablemente.

Fue durante el reinado de este rey que el Antiguo Testamento fue traducido al griego. La **Septuaginta**, así llamada, fue la versión más importante. Fue muy necesaria debido a la dispersión de los judíos y al hecho de que la mayor parte de ellos hablaban el griego en aquella época.

El pueblo judío estuvo bajo la dominación egipcia por espacio de 100 años.

Los Sirios (200-135 A.C.)

Este imperio, bajo los reyes seleúcidas, controló gran parte del imperio de Alejandro. Pronto sometieron a los judíos tratándolos cruelmente.

LOS MACABEOS (135-36 A.C.)

Este nombre se refiere a la familia de Matatías, sacerdote de la casa de Aarón y padre de cinco hijos: Juan, Simón, Judas, Eleazar y Jonatán. Dios crió a estos hombres para que luchasen por la fe de Su pueblo durante la cruenta persecución de los reyes seleúcidas.

Matatías urgía a los judíos a que lucharan en contra de los sirios, los cuales los estaban forzando a adoptar la religión pagana de los griegos. Exhortaba al pueblo a observar todos preceptos de la ley y a mantenerse todos unidos bajo la guía del gran sacerdote Simón. Judas Macabeo habría de guiarlos en la batalla contra sus perseguidores.

Judas

Después de la muerte de su padre, Judas ganó varias victorias. Entonces él y sus hermanos procedieron a purificar el templo. Destruyeron el altar, el cual había sido desecrado, y construyeron uno nuevo.

Judas obtuvo una victoria completa sobre Nicanor, general del ejército del Rey Demetrio; pero encontró la muerte en otra batalla más tarde, y fue llorado por todo el pueblo. Judas fue sucedido por sus hermanos, Jonatán y Simón el gran sacerdote.

El último de los Macabeos en reinar fue Juan Hircano el cual sucedió a Simón como gran sacerdote.

Eleazar

Eleazar fue escriba y gran defensor de la religión judía. Habiendo sido forzado a abrir la boca para comer carne prohibida, la escupió, prefiriendo morir que desobedecer la ley de Dios. Aunque tenía ya noventa años de edad, se enfrentó valientemente a su martirio, habiendo sido azotado hasta causarle la muerte.

Una madre y sus siete hijos fueron ejecutados en una forma brutal; la madre, alentándolos a todos a sufrir antes que renunciar a los mandatos del Señor.

Notas Doctrinales

Al narrar estas torturas y atrocidades cometidas contra todos aquellos que permanecian fieles a la fe, se demuestra la creencia en la providencia de Dios. Porque Dios a menudo permite grandes sufrimientos y calamidades, no para ruina nuestra, sino como un ejemplo para traernos de nuevo hasta El. Dios, en Su propio tiempo y manera, toma venganza de las injusticias cometidas contra los justos.

La creencia en que las oraciones y sacrificios ofrecidos por los muertos son provechosos se demuestra en Judas Macabeo, cuando él y sus hombres oran por aquellos que han sido muertos y envían una ofrenda a Jerusalén, como reparación por de los peacados de los muertos.

SECTAS Y PARTIDOS JUDIOS

Durante estos últimos tiempos surgieron diferentes sectas y partidos, y hubo divergencias entre ellos, pues todos aspiraban a alcanzar el poder político.

Mientras tanto, los romanos estaban avanzando continuamente en sus conquistas en el Asia Menor. Varios tratados habían sido llevados a cabo entre los romanos y los judíos durante la época de los Macabeos. Estas alianzas fueron hechas para proteger a los judíos viviendo en países fuera del propio. En el año 63 A.C. Jerusalén fue conquistada por Pompeyo y toda la Judea quedó bajo el imperio romano.

Las más notables entre las sectas judías eran las siguientes:

Los Fariseos, quienes creían que el mero conocimiento y cumplimiento externo de la Ley eran suficientes para salvarse del castigo eterno. Creían en la existencia de ángeles, la inmortalidad del alma y la resurrección del cuerpo. Eran muy orgullosos buscaban siempre la atención pública.

Los Saduceos, aunque en menor número que los fariseos, eran muy influyentes porque los ricos y poderosos pertenecían a esta secta. Negaban la resurrección del cuerpo y la inmortalidad del alma.

Los Esenas, eran una especie de congregación religiosa. Eran admitidos al grupo sólo después de un período de prueba y noviciado. Vivían una vida de oración y observaban la ley cuidadosamente. Despreciaban las requezas, mantenían el silencio y mostraban gran reverencia a sus superiores.

Los Publicanos, se dedicaban a cobrar los impuestos, abusando muy a menudo de su oficio; eran despreciados por las injusticias que cometían.

Los Herodíanos, aunque pertenecían a la religión judía, seguían los principios paganos de los reyes herodíanos.

HERODES (39-4 A.C.)

Este rey, llamado "el Grande", recibió su trono de los romanos. Trató de ganarse la buena voluntad de los judíos haciendo reconstruir el templo y edificando construcciones públicas. Pero, a pesar de esto, era odíado por los judíos por sus crueldades y perversidad. El había hecho ejecutar al último de los Macabeos y exterminado al Sanhedrín.

LA LLEGADA DE LOS TIEMPOS

Y ahora ya había llegado el momento anunciado. Dios enviaría a Su Hijo, nacido de mujer–El Mesías por tanto tiempo esperado–El cual habría de venir a este mundo a redimir al hombre de sus pecados.

Fue en el año 34 del reinado de Herodes que nació Jesús, el cual vino a reinar sobre todas los verdaderos hijos de Dios. El es Rey y Sacerdote Eterno, de acuerdo con la orden de Melquisedec, y Su Reino no tendrá fin.

Nuestro Señor y Salvador, Jesucristo.

II PARTE

LA VIDA DE JESUS

1. NACIMIENTO Y JUVENTUD (7-6 A.C. a 27 D.C.)
SAN JUAN EL BAUTISTA

DURANTE el reinado del Rey Herodes hubo un sacerdote llamado Zacarías, perteneciente a la clase sacerdotal de Abías. Isabel, su esposa, era descendiente de Aarón. Ambos eran personas justas ante los ojos de Dios que seguían fielmente Sus mandamientos. No habían tenido hijos, puesto que Isabel no los podía tener, y ya eran ambos de avanzada edad.

Un día, mientras Zacarías desempeñaba sus funciones sacerdotales, de acuerdo con la costumbre, entró al santuario del Señor para ofrendar incienso. Una gran muchedumbre se encontraba fuera orando en aquel momento. Un ángel del Señor se le apareció a Zacarías, de pie a la derecha del altar del incienso. Zacarías sintió temor, pero el ángel lo tranquilizó y le anunció que Isabel habría de concebir y tener un hijo al cual habrían de ponerle el nombre de Juan. Este niño habría de traerles grandes alegrías y muchos se regocijarían con su nacimiento.

Después el ángel le dijo a Zacarías que este hijo suyo sería un precursor del Señor y que estaría lleno del Espíritu Santo desde el vientre de su madre. No debería beber vino ni bebidas fuertes y Dios mismo caminaría delante de él en el espíritu y poder de Elías para convertir los corazones de muchos y de preparar al Señor un pueblo bien dispuesto.

Zacarías preguntó al ángel cómo habría él de saber ésto, puesto que tanto él como su esposa eran ya de edad avanzada. El ángel le dijo que su nombre era Gabriel, el cual asistía ante el trono del Señor. Así mismo le dijo el ángel a Zacarías que habría de enmudecer hasta el momento en que su hijo naciese, puesto que había dudado.

Mientras tanto, la gente que se encontraba fuera se preguntaba por qué Zacarías se tardaba tanto en el Templo. Cuando salió sin poder hablar, entonces la gente comprendió que él había tenido una visión. El hijo que nació de Zacarías e Isabel fue San Juan el Bautista.

LA ANUNCIACION

Después de seis meses, el Angel Gabriel fue enviado nuevamente por el Señor a una humilde virgen de Nazaret, en la provincia de Galilea. El nombre de la virgen era María y estaba comprometida en matrimonio con un hombre llamado José, de la casa de David. El ángel la saludó con las palabras "Salve, María". Le anunció a la santa virgen que ella había sido elegida para ser la madre de Dios y que habría de tener este Niño por obra del Espíritu Santo.También le dijo del niño que había de nacerle a su prima Isabel.

El Angel Gabriel saluda a la Virgen María

María respondió al ángel con palabras que encontramos en la oración llamada "Angelus": "He aquí a la sierva del Señor; hágase en mí según tu palabra."

María visita a Isabel y Zacarías

LA VISITACION

Entonces María se preparó inmedíatamente para ir a visitar a su prima que vivía en las montañas de Judá. Cuando María entró en casa de Zacarías saludó a Isabel. Tan pronto como Isabel oyó el saludo de María, el niño que Isabel llevaba en su vientre saltó de gozo e Isabel se llenó del Espíritu Santo. Exclamando con una gran voz, ésta dijo a María: "Bendita tú entre las mujeres y bendito el fruto de tu vientre. ¿De dónde a mí que la madre de mi Señor venga a mí?" Entonces la Bendita Virgen María le respondió con un hermoso cántico, alabando a Dios y proclamando Su grandeza. Este cántico es conocido bajo el nombre de "Magnificat". María permaneció en casa de Isabel alrededor de tres meses y después regresó a su hogar.

EL SUEÑO DE SAN JOSE

Entretanto, San José no conocía del misterio que rodeaba al Niño que Nuestra Señora llevaba en su seno. El no deseaba denunciarla públicamente ante la Ley y planeaba divorciarse de ella en secreto. Pero un ángel se le apareció en sueños diciéndole que no temiese recibir a María como esposa, puesto que el Niño que María llevaba en su seno era Hijo de Dios,

María y José con Jesús en el pesebre

hecho carne por obra y gracia del Espíritu Santo. El ángel le dijo a José que pusiera por nombre al niño "Jesús", que significa "Salvador", ya que El habría de salvar a Su pueblo del pecado.

NACIMIENTO DE NUESTRO SEÑOR

Nuestro Señor era de la familia de David y había sido profetizado que El habría de nacer en Belén, la Ciudad de David. La divina providencia a menudo usa instrumentos humanos para llevar a cabo sus designios. En el caso del nacimiento del Mesías, el instrumento fue el Emperador Romano, César Augusto. Alrededor de la época del nacimiento de Nuestro Señor, el Emperador emitió un decreto por el cual todo el pueblo había de ir a la ciudad de su origen para ser empadronado. Por lo tanto, María y José viajaron desde Nazaret hasta Belén para cumplir con esta orden, puesto que ambos pertenecían a la casa y familia de David.

Cuando llegaron allí, cansados después de la larga jornada, hallaron las posadas y hostelerías repletas de visitantes y fueron rechazados de todos los lugares. San José conocía la existencia de una cueva en las afueras del pueblito y hacia allí se dirigieron para pasar la noche y esperar el nacimiento del Salvador. Era invierno y, allí, en el frío y desnudo establo, fue que nació Jesucristo, la segunda Persona de la Santísima Trinidad.

El, que era Dios, Creador del cielo y de la tierra, escogió nacer como hombre en medio de la pobreza. Su cuna fue un pesebre; sus vestidos, pobres pañales; y como calor, el aliento de las bestias que ocupaban la cueva. El pudo haber nacido en un palacio real en medio de riquezas y comodidades; pero escogió deliberadamente la pobreza e incomodidad para demostramos que esas cosas, que tenemos en tanto valor, muy pronto desaparecen. Pero lo que El no tuvo en comodidad corporal fue recompensada por la amante adoración de Su santísima Madre y de San José, los cuales compartían aquella pobreza.

LA ADORACION DE LOS PASTORES

Habían en las colinas de Belén, pastores que apacentaban sus rebaños durante la noche. Un ángel del Señor se les apareció, dándoles la buena nueva del nacimiento de Cristo, el Mesías, por tanto tiempo esperado. Entonces una hueste de ángeles aparecieron en los cielos, cantando el himno que tan bien conocemos: "Gloria a Dios en las alturas y paz en la tierra a los hombres de buena voluntad." Por supuesto que los pastores se sintieron atemorizados, pero el ángel los calmó y les dijo dónde podían encontrar al recién nacido. Sin vacilar, corrieron los pastores a través de los campos en tinieblas y encontraron el establo donde yacía el Niño, con María Su Madre y San José. Allí adoraron al Mesías.

LA CIRCUNCISION

De acuerdo con la Ley de Moisés, Nuestro Señor fue circuncidado ocho días después de Su nacimiento. El, que estaba libre de todo pecado, estuvo dispuesto a acatar la ley por nosotros, ya que El habría de tomar sobre Sí Mismo la carga de todos nuestros pecados. Como lo había decretado el cielo se le puso al Niño el Santo Nombre de Jesús. Este es el Nombre que está por encima de todos los demás y debe ser adorado por todos. San Pedro nos dice que "al Nombre de Jesús toda rodilla debe doblarse en el cielo, en la tierra, y debajo de la tierra."

El bebe recién nacido es circuncidado y llamado Jesús.

Simeón sostiene al niño en brazos y predice los dolores de María.

LA PRESENTACION

La Ley de Moisés señalaba que todo primogénito recién nacido debía ser dedicado al Señor. Consequentemente, al final de los cuarenta días fijados por la Ley, María y José trajeron al Divino Niño hasta Jerusalén para presentarlo en el Templo. Ellos ofrecieron como sacrificios dos pichones de palomas, que era el sacrificio que los muy pobres acostumbraban hacer.

Había en el Templo un hombre muy justo, de nombre Simeón, el cual vivía en Jerusalén y anhelaba ardientemente ver al Señor. Le había sido prometido por el Espíritu Santo que él no moriría sin ver al Señor. Inspirado por el Espíritu Santo vino hasta el Templo en el momento en que el Niño era presentado por Sus padres. Tomando al Niño en sus brazos, dio gracias al Señor por este favor. Entonces Simeón bendijo a los padres del Niño, diciéndole a María, Su Madre; El Niño está destinado para la caída y levantamiento de muchos en Israel y para signo de contradicción; y una espada atravesará tu alma para que se descubran los pensamientos de muchos corazones."

LA ADORACION DE LOS MAGOS

Después del nacimiento de Jesús llegaron desde el Oriente a Jerusalén unos sabios, los cuales indagaron con el rey Herodes donde podían encontrar al nuevo rey de los judíos, que había nacido. Habían seguido una estrella que había aparecido en el Oriente y deseaban rendir homenaje al nuevo rey. Cuando Herodes fue notificado por el jefe de los sacerdotes y escribas que el Mesías había de nacer en Belén, dijo a los Reyes Magos que fueran hasta allí. El les pidió que, una vez encontrado el niño, volvieran a verle para poder ir él también a rendirle honores.

Los Reyes Magos adoran al Niño Jesús y le ofrecen sus regalos.

Después de haber dejado a Herodes, la estrella reapareció en el cielo y los condujo adonde se encontraba el Niño Jesús.

Encontraron al Niño con María, Su Madre, y le ofrecieron sus regalos de oro, incienso y mirra. El oro significa el Reino Eterno de Cristo; el incienso, Su Sacerdocio; la mirra simboliza Su Pasión y Muerte en la Cruz. Los Magos fueron advertidos en sueños de no regresar a Herodes y se volvieron a sus respectivos países a través de otro camino.

LOS SANTOS INOCENTES

Cuando Herodes vio que los Magos no regresaban, montó en cólera. Entonces ordenó que todos los niños menores de dos años, que vivieran en el área de Belén, fueran decapitados. Este acto brutal había sido predicho por el profeta Jeremías.

LA HUIDA A EGIPTO

El ángel del Señor se había aparecido a José durante la noche y le había avisado del malvado plan de Herodes para matar a Jesús. "Levántate, toma al Niño y a Su madre y huye a Egipto," dijo el ángel. San José obedeció inmedíatamente.

Es más, San José tuvo que encontrar un nuevo trabajo

Un ángel avisa en sueños a José que huya a Egipto.

cuando llegó a Egipto. Esto nos demuestra que el Señor muchas veces pone a prueba aquellos que El ama para hacer que se acerquen a El aun más. La Sagrada Familia permaneció en Egipto hasta la muerte de Herodes. Cuando regresaron se establecieron en Nazaret en Galilea. Esto cumplió la profecía que el Señor habría de ser llamado "el Nazareno."

JESUS SE PIERDE

Cada año la Santísima Virgen y San José acostumbraban ir a Jerusalén para celebrar las fiestas de Pascua. Cuando Nuestro Señor contaba doce años de edad fue con ellos. Después de terminadas las fiestas, Jesús permaneció en Jerusalén, sin saberlo Sus padres. María y José lo buscaron entre parientes y amigos pero sin encontrarlo, y regresaron a Jerusalén. Al tercer día lo encontraron en el Templo, escuchando a los doctores de la ley y haciéndoles preguntas.

El nino Jesús asombra a los maestros en el Templo.

Entonces El regresó con Sus padres a Nazaret y les obedecía en todo. Su Madre guardaba todas estas cosas en su corazón. Jesús, por Su parte, crecía en sabiduría y edad ante Dios y ante los hombres.

LA VIDA OCULTA

Nuestro Señor permaneció en Nazaret hasta que cumplió los treinta años de edad. Durante todo este tiempo El se preparaba para Su vida pública a través de la oración y del trabajo. Aprendió el oficio de carpintero de Su padre adoptivo,

San José. Es creencia general que San José murió mientras Jesús vivía con Su familia. La obra de José había terminado. El había sido honrado al haber sido escogido como padre del Hijo de Dios ante los ojos de los hombres. Lo había protegido, cuidado y amado durante Su niñez. El santo patriarca murió santamente en presencia de Jesús y María. La Iglesia lo ha señalado como patrono de una muerte feliz.

II. MINISTERIO PUBLICO (27 al 30 D.C.)

BAUTISMO DE JESUS

Entretanto, San Juan Bautista llevaba una vida de oración y penitencia en el desierto. Se vestía con ropas hechas de pelo de camello y usaba un cinturón de cuero alrededor de su cintura. Su alimento consistía en cigarros y miel silvestre.

Juan había recibido la palabra de Dios y predicaba un bautismo de arrepentimiento a todas las gentes en el área del Jordán. Muchas personas llegaron hasta él para ser bautizadas. Fue verdaderamente un antecesor del Mesías, cumpliendo la profecía de Isaías de enmendar los caminos para el Señor y hacer que toda la humanidad buscara la salvación de Dios.

Juan predica un bautismo de arrepentimiento junto al Jordán.

Habiendo sido interrogado por los fariseos, les contestó que él no era el Mesías y que Uno, mucho más poderoso vendría despues de él, al cual él no sería digno de desatar las correas de sus sandalias. San Juan el Bautista dio testimonio de que Jesús era "el Cordero de Dios que quita los pecados del mundo."

Un día, Nuestro Señor se llegó hasta Juan pidiéndole que lo bautizase. Mientras Juan ejecutaba este ritual el Espíritu Santo descendió sobre Nuestro Señor en forma de paloma. Entonces se oyó una voz que provenía del cielo, diciendo: "Este es Mi Hijo amado, en quien tengo mis complacencias."

Cuando San Juan contempló al Espíritu Santo descendiendo sobre Jesús, dijo: "Ahora he visto, y doy testimonio de que éste es el Escogido de Dios."

Jesús es bautizado por Juan.

JESUS EN EL DESIERTO

Después de haber sido bautizado Nuestro Señor fue hasta el desierto, donde ayuno por espacio de cuarenta días. Nosotros conmemoramos este ayuno de Cristo cuando ayunamos durante los cuarenta días de la Cuaresma. Al cabo de este tiempo Satanás fue hasta El para tentarlo. Sabiendo que estaba hambriento, el díablo primero sugirió a Nuestro Señor que convirtiese las piedras en panes, si es que en verdad era Hijo de Dios. Jesús le contestó: "No solo de pan vive el hombre, sino de toda palabra que sale de la boca de Dios."

Después el díablo lo colocó en lo más alto del Templo y le dijo que si El era verdaderamente el Hijo de Dios que se lanzara desde lo alto, porque las Escrituras dicen que Dios enviaría Sus ángeles para que lo cuiden. Pero Jesús le respondió: "También dice la Escritura: 'No tentarás al Señor tu Dios.'"

Finalmente, el díablo lo llevó hasta una montaña muy elevada y le enseñó todos los reinos del mundo, ofreciéndole dárselos si Jesús se arrodillaba ante El en señal de adoración. Entonces Jesús le respondió: "¡Apártate, Satanás! Porque escrito está: 'Al Señor tu Dios adorarás y a El solo darás culto.'" Entonces el díablo lo abandonó y los ángeles llegaron y le servían.

LOS PRIMEROS DISCIPULOS

Cuando San Juan el Bautista dijo a alguno de sus seguidores que Jesús era el Mesías, dos de sus discípulos lo abandonaron para seguir a Nuestro Señor. Uno de ellos era Andrés, el cual fue inmedíatamente en busca de su hermano Simón y le dijo que habían hallado al Mesías. Cuando Simón llegó hasta Jesús, éste le dijo: "Tú eres Simón, el hijo de Juan; tú serás llamado Cefas" (que quiere decir Pedro, o Roca).

Más tarde, mientras caminaba junto al Mar de Galilea, Jesús vio a Pedro y Andrés que pescaban. Simplemente les dijo: "Venid en pos de mi y os haré pescadores de hombres." Al instante ellos abandonaron sus redes y lo siguieron. Más adelante se encontró con los dos hijos de Zebedeo, Santiago y Juan. También ellos eran pescadores y también El los invitó para que lo siguieran. Ellos abandonaron a su padre y al bote en el que pescaban y lo siguieron.

Al día siguiente, Jesús continuó Su camino con su pequeño grupo de seguidores. Primero se encontró con Felipe, al cual dijo: "Sígueme." Felipe fue en busca de su amigo Natanael o Bartolomé, y díjole la buena nueva de que habían

Jesús dice a Andrés y Juan que lo sigan.

hallado al Mesías. Cuando finalmente Natanael fue convencido para ir hasta Jesús, éste le demostró que lo conocía. Inmedíatamente respondió Natanael: "Rabi, Tú eres el Hijo de Dios, Tú eres el rey de Israel."

Según continuó a través de la Galilea se encontró con un publicano llamado Mateo, o LevI, sentado a su telonio. También a éste lo invitó Jesús y Levi dejó inmedíatamente lo que estaba haciendo para seguirlo. En la llamada de los varios discípulos vemos cuán necesario es, para aquellos que son escogidos para ser pescadores de hombres, seguir inmedíatamente la llamada de Dios, sin tomar en consideraciones lo que hay que dejar atrás.

LAS BODAS DE CANA

Jesús y Sus discípulos fueron invitados a una boda en Caná de Galilea, y la Madre de Jesús se encontraba presente. Ella observó que no quedaba mucho vino que ofrecer a los invitados y se lo dijo a Jesús. Aunque nuestro Señor respondió que Su hora aún no había llegado, María dio instrucciones a los sirvientes para que hiciesen todo aquello que El dijera. A petición de Su Madre, Jesús cambió el agua en vino. Este fue Su primer milagro en público. De esta forma El reveló Su poder y Sus discípulos creyeron en El. De esta forma comprendemos el poder de intercesión de Nuestra Santísima Madre.

Jesus dice a los sirvientes que llenen las jarras con agua.

LA LIMPIEZA DEL TEMPLO

Se acercaba la fiesta judía de la Pascua y Jesús fue hasta Jerusalén. Al entrar en el Templo vio que algunos compraban y vendían animales, mientras que otros se dedicaban al cambio de monedas. Formando un látigo con cuerdas amarradas Jesús sacó a todas aquellas gentes y animales fuera del Templo. Volcó las mesas de los que cambiaban dinero, regando las monedas por el suelo. Diciendo a los que vendían palomas y pichones que se los llevaran: "¡Quitad de aquí todo eso y no hagáis de la casa de Mi Padre plaza de mercado!" Cumpliéndose las palabras del salmista: "Me consumo en el celo por Tu casa."

Los judíos le preguntaron a Jesús qué señales podía dar El para demostrar Su autoridad. Jesús replicó: "Destruid este templo, y en tres días lo levantaré." Con lo cual El estaba profetizando la resurrección de Su cuerpo.

NICODEMO

Mientras Jesús se encontraba en Jerusalén, un fariseo llamado Nicodemo vino en medio de la noche a hablarle. Nuestro

Jesús expulsa a los compradores y vendedores del Templo.

Señor le habló de la necesidad de ser bautizado para poder alcanzar el cielo, diciendo: "En verdad te digo que quien no nace del agua y del Espíritu, no puede entrar en el reino de los cielos." También le dijo Nuestro Señor a Nicodemo que era necesario creer que Dios había enviado a su Hijo Unigénito para salvar al mundo; que todo aquel que creyese en el Hijo sería salvado; mas el que no cree en El ya está condenado.

SAMARIA

Después nuestro Señor abandonó la Judea para regresar a Galilea. Era necesario pasar a través de Samaria en Su camino. Desde la época de la cautividad en manos de los asirios esta provincia había estado habitada por babilonios paganos. Estos se habían mezclado con los antiguos habitantes de la región, algunos de los cuales habían regresado después del cautiverio. Juntos formaron una nueva población, llamados samaritanos. Aunque observaban de modo estricto la Ley Mosaica y esperaban por el Mesías que habría de venir, no reconocían mucho de las doctrinas tradicionales de los judíos. Ignoraban al Templo en Jerusalén y el sacerdocio, habiendo construido un lugar propio para rendir culto en el Monte Gerizim. Por estas razones este pueblo era despreciado y aborrecido por los judíos.

Jesús se detuvo para descansar en Su jornada junto al pozo de Jacob en Sicar y envió a Sus discípulos hasta un pueblo vecino para comprar provisiones. En aquel momento una mujer vino hasta el pozo para sacar agua. Nuestro Señor le pidió un poco de agua para beber y entró en conversación con ella. El le reveló Su conocimiento acerca de la vida que ella llevaba y ésta lo reconoció como profeta. Jesús le informó que su pueblo adoraba algo que no comprendía, mientras que los judíos comprendían lo que adoraban, ya que la salvación habría de llegar a través de los judíos.

También le dijo El que el momento estaba cercano cuando los verdaderos adoradores rendirían culto al Padre en Espíritu y en verdad. La mujer le habló de su creencia en el Mesías que habría de venir. Jesús le respondió: "Soy Yo, el que contigo habla." Esta primera revelación de Su divinidad fue hecha por Jesús a una extraña en Samaria. Por este medio podemos notar que aunque nacido de raza judía, nuestro Señor fue enviado para salvar a todo aquel que creyese en El y aceptase Sus enseñanzas.

Cuando volvieron los discípulos se sorprendieron al encontrar a Jesús hablando con una samaritana. Cuando lo urgieron a que comiese algo, El explicó que Su alimento consistía en hacer la voluntad del Padre. Muchos samaritanos creyeron en El a través de las palabras de aquella mujer. Estas gentes pidieron a Jesús que permaneciese entre ellos, por lo tanto El permaneció allí durante dos días y muchos más llegaron a creer en El por Sus enseñanzas. Ellos dijeron a la samaritana: "Ya no creemos por tu palabra pues nosotros mismos hemos oído y conocido que éste es verdaderamente el Salvador del mundo."

Esta mujer fue en verdad una misionera en su propio pueblo. Ella misma creyó y habló del Mesías a otros, los cuales llegaron hasta El.

EL HIJO DEL GOBERNADOR

Después de su estancia en Samaria, Jesús viajo a Galilea, y regresó de nuevo a Caná, donde El había cambiado el agua en vino. Había allí un cierto oficial real de Cafarnaúm, el cual se llegó hasta Jesús, pidiéndole que curase a su hijo que estaba muriendo. Este hombre reconoció la autoridad de nuestro Señor, pues le dijo que no era necesario que El fuese hasta su casa para que curara a su hijo. Necesitaría solamente una palabra suya y el joven sería sanado.

Jesús le dijo al oficial que volviese a su casa y que su hijo viviría. El padre creyó en la palabra de Jesús y toda su familia con él. Entonces Jesús habló a la multitud que lo seguía alabando la fe del oficial, la cual era mucho mayor que la de muchos judíos. Las palabras de fe dichas por este oficial son las mismas que decimos nosotros antes de recibir la Comunión durante la Misa.

LA PREDICA EN NAZARET

La reputación de Jesús se fue esparciendo por toda Galilea, no sólo debido a sus milagros sino también por la

Jesús dice al oficial real que su hijo vivirá.

autoridad con que enseñaba. Cuando llegó a Su propio pueblo de Nazaret, entró en la sinagoga siendo día sábado y comenzó a leer al profeta Isaías, escrito en el pergamino que se le había entregado. Dijo a aquellos que se encontraban presentes que ese texto se refería a Sí mismo; que El era el Mesías en el Cual aquellas palabras habrían de cumplirse.

Nuestro Señor le recordó a la gente que ningún profeta es aceptado en su propio pueblo. No pudo obrar los milagros que había hecho en Cafarnaúm porque ellos no tenían suficiente fe. Entonces la gente se enojó con El y lo hubieran querido arrojar sobre el borde de la montaña sobre la que estaba construido el pueblo. Pero él pasó en medio de todos ellos y se alejó de allí.

LA PESCA MILAGROSA

Estando un día Jesús junto al lago de Genesaret la multitud se agolpo alrededor de El, por lo cual El se montó en el bote de Simón Pedro para predicarles desde allí.

Una vez que hubo terminado de predicar, Jesús dijo a Simón que bogara mar adentro y echara las redes para la pesca. Simón le contestó que tanto él como sus hombres habían estado pescando toda la noche, sin haber podido pescar nada. Sin embargo, a petición de nuestro Señor bajaron nuevamente las redes y atraparon tantos peces que tuvieron que llamar a los que pescaban en otros botes para que los ayudasen.

Cuando Simón Pedro vio ésto, cayó de rodillas a los pies de Jesús, diciendo: "Señor, apártate de mí, que soy hombre pecador." Todos los discípulos estaban asombrados ante esta gran pesca. Jesús entonces les aseguró que desde aquel momento serían pescadores de hombres.

EL SABADO EN CAFARNAUM

Cuando nuestro Señor se encontraba en la sinagoga en Cafarnaúm con Sus discípulos, un hombre llegó hasta allí el cual estaba poseído por un demonio. El demonio empezó a gritar, Jesús le ordenó que se callara y que saliera de dentro de

Pedro se arrodilla humildemente delante de Jesús.

aquel hombre. El espíritu impuro hizo que el hombre entrase en convulsiones y gritando fuertemente, salió de él. Después de esto la fama de nuestro Señor se expandió por toda la Galilea.

Al abandonar la sinagoga Jesús se encaminó hacia la casa de Simón y Andrés. La suegra de Simón se encontraba enferma con fiebre. Jesús simplemente la tomó de la mano y la fiebre la abandonó. Entonces ella se levantó y le servía.

Antes de que pasase mucho tiempo, muchos comenzaron a traerle los enfermos para que El los curase. El los curo de varias enfermedades y arrojó los demonios de aquellos que se encontraban poseidos.

EL PARALITICO

Uno de los días en que Jesús se encontraba enseñando, curó también muchos enfermos que le eran traidos pues el poder de Dios estaba con El. Los fariseos y maestros de la ley se reunieron, viniendo de todas las poblaciones de Galilea y Judea y aún desde Jerusalén.

Entonces llegaron unos hombres trayendo un paralítico en una estera. Cuando vieron la multitud alrededor de nuestro Señor, quitaron algunas tejas del techo y bajaron al enfermo, recostándolo frente a Jesús. Cuando el vio la fe que tenían, le dijo al enfermo: "Tus pecados te son perdonados."

Inmedíatamente los escribas y fariseos empezaron a preguntarse y acusarlo de blasfemia.

Jesús dice al paralítico que se levante y vaya para su casa.

"¿Quién puede perdonar los pecados sino sólo Dios?", se decían entre sí. Jesús conoció sus pensamientos, y para que todos los presentes supieran que el Hijo del Hombre tenía poder para perdonar los pecados, le dijo al paralítico que se levantara, tomara su camilla y fuera a su casa. Todos los que vieron esto quedaron maravillados y comenzaron a alabar a Dios.

CURACION EN LA FIESTA DEL SABADO

Después de ésto se celebraba una fiesta de los judíos, y Jesús fue de nuevo hasta Jerusalén. Había en Jerusalén, junto a la puerta Probática, una piscina llamada en hebreo Betzata.

Muchos enfermos permanecían allí esperando ser el primero en entrar al agua cuando el ángel del Señor descendía y agitaba las aguas. Un hombre había estado esperando por 38 años, afligido por su enfermedad. Cuando nuestro Señor lo vío, tuvo compasión de él y lo curó. Era el día sábado.

Cuando algunos oficiales judíos vieron al hombre que había sido sanado levantarse y tomar su camilla, sabiendo que había estado enfermo por largo tiempo, se acercaron hasta él para interrogarlo. El hombre no sabía que había sido Jesús quien lo había curado. Más tarde Jesús lo encontró cerca del Templo y le dijo que debía abandonar todos sus pecados o habría de correr una suerte aún peor. Entonces el hombre fue hasta los oficiales y les informó que Jesús había sido Aquel que lo había curado.

Estas gentes empezaron a perseguir a nuestro Señor porque él curaba en el día del sábado; pero Jesús le contestó que El hacía el mismo trabajo que Su Padre. Dios tiene poder sobre la vida y la muerte, y es Señor del sábado. Entonces sus enemigos decidieron darle muerte, no sólo porque según ellos había infringido la santidad del sábado, sino también porque hablaba de Dios como su Padre.

Hubo otro sábado en el cual Jesús curó a un hombre que tenía una mano seca. Estando en la sinagoga dijo al hombre que extendiese su mano. Jesús lo curó, haciendo que los fariseos se enfureciesen y comenzaran a planear el modo de darle muerte.

LOS APOSTOLES SON ESCOGIDOS

Un día, nuestro Señor subió hasta lo alto de un monte y paso allí la noche en oración. Muchas veces El hizo ésto. Al llegar el nuevo día llamó a Sus discípulos y reuniéndolos eligió a doce de ellos para que fuesen sus Apóstoles. Fueron estos: Simón, a quien puso por nombre Pedro, Andrés, su hermano, Santiago y Juan, Felipe y Bartolomé, Mateo y Tomás, Santiago, hijo de Alfeo, Simón el Celador, Tadeo y Judas Iscariote, el cual habría de traicionarlo.

EL SERMON DE LA MONTANA

Segun se extendía su fama mucha gente venía hasta El de toda Galilea y Judea, y aún de los pueblos más alla del Jordán. Traían consigo a sus enfermos para que El los sanase y a los poseidos por demonios. Cuando Jesús vió la multitud, se dirigió a la ladera de una montaña. Sus discípulos se reunieron a Su alrededor y El comenzó a enseñarlos a todos.

Fue en este famoso Sermón de la Montaña que nuestro Señor dió a Sus oyentes, y a todas las generaciones venideras, las Bienaventuranzas. En ellas está contenida toda la moral de los Evangelios.

Seguir las enseñanzas de Cristo no es tarea fácil, pero en este hermoso discurso nuestro Señor nos dice cuán bienaventurados son aquellos que siguen por Sus caminos. Es más, El promete una recompensa para aquellos que Lo aman y esa re-

Jesús enseña la Nueva Ley al pueblo.

compensa no es una recompensa temporal, sino eterna. Jesús dice a sus seguidores que ellos son la sal de la tierra y la luz del mundo. Han de actuar de tal forma que sean ejemplo para los demás y dar gloria a Dios. Nuestro Señor además nos dice como debemos orar a solas, y nos enseña la oración perfecta, el "Padre Nuestro." Debemos perseverar en nuestras oraciones y no sentirnos desalentados si éstas no son respondidas de inmedíato.

Nos advierte no adjudicarle demasiada importancia a las cosas terrenales, ya que es mejor obtener un tesoro en el cielo. No debemos mostrarnos muy ansiosos por el día de mañana; debemos hacer la voluntad de Dios cada día y El nos cuidará para siempre.

Por último, no debemos juzgar a los otros. No importa como sus acciones luzcan ante nuestros ojos, puesto que no podemos conocer las intenciones y los corazones de los demás. Esto sólo Dios lo sabe.

Después de este sermón todos aquellos que lo escuchaban se encontraban llenos de admiración ante Sus enseñanzas, porque El enseñaba con autoridad y no en la forma que lo hacían los escribas.

LA TORMENTA EN EL LAGO

Después de Su Sermón en la Montaña, grandes multitudes seguían a nuestro Señor donde quiera que iba. Un leproso llegó hasta El, se arrodilló en adoración, diciéndole: "Señor, si quieres, puedes limpiarme". "Quiero, sé limpio," respondió, Jesús y tocando al hombre inmedíatamente lo curó.

Jesús hizo otros muchos milagros. Después montó en el bote con Sus discípulos para cruzar a la otra orilla del lago. Repentinamente una gran tormenta se desató en el lago y el bote estaba a punto de hundirse bajo las olas. Pero Jesús dormía profundamente. Los discípulos lo despertaron, exclamando: "Señor, sálvanos, que perecemos." Jesús se puso de pie y ordenó que cesasen las olas y el viento, y hubo una gran calma en el mar. Entonces increpó a los discípulos por su falta de fe. "¿Por que teméis, hombres de poca fe?" dijo El. Los hombres

Jesús calma el viento y las olas.

estaban maravillados y se preguntaban: "¿Quién es éste, que hasta los vientos y el mar le obedecen?"

LA LEGION DE DEMONIOS

Al arribar al lado opuesto del lago llegaron a la región de los gadarenos y, al desembarcar, se encontraron con un hombre que estaba poseido por los demonios. Vivía en medio de los sepulcros y ni aún encadenado había quien pudiera con él. Cuando este hombre vió a Jesús, cayó a sus pies, gritando: "¿Qué tenemos que ver contigo, Hijo de Dios? ¿Has venido aquí antes de tiempo para atormentarnos?"

Jesús ordenó a los demonios que se callaran y salieran de dentro de aquel hombre. "¿Cuál es tu nombre?", preguntó Jesús. El dijo: "Legión es mi nombre, porque somos muchos". Cuando El les ordenó que abandonasen al hombre, ellos pidieron permiso para que se les permitiera entrar en una manada de puercos y, cuando lo hicieron, toda la manada se arrojó al mar y pereció ahogada.

Cuando llegaron las gentes del lugar encontraron al poseso completamente vestido sentado tranquilamente a los pies de Jesús, entonces sintieron un gran temor y pidieron a Jesús que abandonase aquellas tierras. El hombre que había sido curado rogó a Jesús que le permitiese seguirle; pero Jesús no se lo permitió, sino que regresase a su propia gente y le contase todo lo que Dios había hecho por él. Esto hizo el hombre y todo el que lo escuchaba quedaba maravillado con su relato.

LA HIJA DE JAIRO

Jesús y Sus discípulos regresaron en el bote a la orilla opuesta del lago. Uno de los jefes de la sinagoga de nombre Jairo, llegó hasta Jesús, rogándole que viniese a curar a su pequeña hija, la cual se encontraba gravemente enferma.

Una muchedumbre seguía a Jesús, entre la cual se encontraba una mujer que había sido víctima de una incurable hemorragia por mas de doce años. Ella toco el borde de Su manto, creyendo fielmente que eso sería suficiente para ser curada, e inmedíatamente cesó su enfermedad. Nuestro Señor, sabiéndolo, se volvió para ver quién lo había tocado. La mujer se adelanto y postrándose ante él le contó toda la historia.

Jesús resucita a la hija de Jairo.

Entonces Elle aseguró que su fe la había curado y que podía irse en paz.

Al llegar a la casa de Jairo, le informaron a Jesús que ya la niña había muerto. Cuando Jesús entró toda la familia estaba lamentando la muerte de la niña. Entonces Jesús le dijo que la niña no estaba muerta, pero se burlaron de El. Entrando en la habitación donde se hallaba la niña, con los padres de ésta y tres de Sus discípulos: Pedro, Santiago y Juan, tomó a la niña de la mano y le dijo: "Niña, a tí te lo digo, levántate." Inmedíatamente ella se levantó y pidió a sus padres que le dieran de comer.

MISION DE LOS SETENTA Y DOS

Pronto Jesús señaló a setenta y dos de Sus discípulos y los reunió a Su alrededor. Después de instruirlos los envió en parejas por todas partes anunciando el reino de Dios. Les otorgó el poder de arrojar díablos y de curar enfermedades. También les dijo: "El que os recibe a vosotros, a Mí me recibe; el que os niega a vosotros, a Mí me niega y yo le negaré también delante de Mi Padre que está en el cielo."

Jesús envía a los setenta y dos a predicar el reino de Dios.

EL HIJO DE LA VIUDA

Durante uno de sus viajes por la Galilea llegó una vez Jesús hasta la ciudad llamada Naln. Allí vieron a una muchedumbre bastante numerosa que llevaba el cadáver de un joven para ser enterrado; este joven había sido único hijo de una viuda muy pobre. Observando el dolor de la madre, Su corazón fue movido por la piedad. Entonces Jesús ordenó a los que llevaban el cadáver que se detuviesen y hablando al muerto, dijo: "Joven, a ti te hablo, levántate." Inmedíatamente el

Jesus resucita al hijo de la viuda.

joven se levantó y comenzó a hablar, y Jesús lo entregó a su madre. No es necesario decir que todas las gentes estaban llenas de admiración y la historia de este suceso se extendió por todos los pueblos circundantes.

LA MUJER PENITENTE

Un día un fariseo nombrado Simón invitó a Jesús a comer a su casa. Mientras se encontraban comiendo, una mujer pecadora entró en la casa y se detuvo detrás de Jesús, comenzó a llorar y sus lágrimas cayeron sobre los pies de Jesús, que ella secaba con sus cabellos, y ungía con un unguento de nardos. Nuestro Divino Señor sabía de su arrepentimiento y le dijo:

"Tus pecados te son perdonados. Tu fe te ha salvado. Vete en paz."

Volviéndose a su anfitrión, Jesús le recordó al fariseo que él no había realizado ninguna de las cortesías formales hacia un huésped y que esta mujer las había suministrado con sus lágrimas y ungiéndole los pies. Jesús sabía que Simón se había preguntado a sí mismo si El sabría qué clase de mujer era aquella que El había permitido que lo tocase. Mucho se les perdona a aquellos que mucho han amado.

LAS MUJERES QUE SERVIAN A JESUS

Según nuestro Señor viajaba de ciudad en ciudad predicando el Evangelio, algunas de las mujeres que habían sido sanadas de enfermedades y malos espíritus lo seguían a El y a Sus discípulos. María, llamada Magdalena, de la cual habían salido siete demonios, era una de ellas; Juana, esposa de Cusa, administrador de Herodes, y Susana y muchas otras. Estas mujeres se dedicaban a servir a Jesús y Sus discípulos en sus necesidades, ayudándolos con los medios a su alcance.

TESTIMONIO DE CRISTO A SAN JUAN EL BAUTISTA

Mientras Jesús se encontraba predicando por los pueblos y aldeas, Juan el Bautista había sido hecho prisionero por Herodes, ya que le había dicho que era un pecado el haber tomado como esposa a la mujer de su hermano.

Cuando Juan oyó todo lo que se decía acerca de nuestro Señor y de los milagros que estaba realizando, envió a algunos de sus discípulos para indagar si El era el verdadero Cristo o había que esperar por otro. Cuando Jesús hubo asegurado a los discípulos de Juan y éstos habían regresado, Jesús habló a la muchedumbre reunida alrededor de El acerca de San Juan. Dijo que era un profeta-aún más que profeta; porque Juan había cumplido las Escrituras, que dicen: "He aquí que Yo envío delante de Tu faz a mi mensajero, que preparará Tu camino delante de Ti."

DECAPITAMIENTO DE SAN JUAN BAUTISTA

Dos veces durante su ministerio como precursor del Mesías, había dado San Juan testimonio de El. Ahora había llegado el momento de dar su último testimonio al ofrecer su propia vida por los principios predicados por Cristo.

Por una promesa hecha a una bailarina en el impulso del momento, la cual había agradado a Herodes con sus danzas en la fiesta de celebración de su cumpleaños, Herodes envió a sus hombres para que decapitaran a San Juan en la prisión.

CINCO MIL PERSONAS SON ALIMENTADAS DE MODO MILAGROSO

Los discípulos regresaron de vuelta de la misión que Jesús les había ordenado llenos de entusiasmo. Le contaron todo lo que habían alcanzado. Entonces El decidió retirarse con ellos hasta un tranquilo lugar al otro lado del lago donde pudieran descansar un poco. Pero las gentes pronto supieron hacia donde ellos se dirigían y cuando llegaron al lugar escogido encontraron a una gran multitud esperando por ellos.

Nuestro Señor sentía gran compasión por estas gentes, pues eran como un rebaño sin pastor. Así fue que les enseñó y curó a sus enfermos. Al caer la tarde, los discípulos le sugirieron que dispersara la multitud, para que fueran a comer a las aldeas. Jesús les dijo: "Dadle vosotros de comer." Pero ellos le informaron que no tenían nada, excepto cinco panes y dos peces, y le preguntaron que dónde habían de encontrar el dinero suficiente para comprar comida para todos.

Entonces Jesús les dijo que sentaran a la muchedumbre en la yerba formando grupos. Había alrededor de cinco mil hombres, sin contar las mujeres y los niños. Entonces El tomó los panes y los peces y elevando los ojos al cielo, los bendijo y dio a Sus discípulos para que distribuyeran a la gente. Cuando todos hubieron comido todo lo que deseaban, dijo a los discípulos que recogieran todo lo que había sobrado para que no se botara nada. Pudieron recoger doce cestos con lo que había sobrado.

Jesús da gracias sobre los cinco pedazos de pan y los dos peces.

La multitud estaba llena de asombro ante este milagro. Entonces nuestro Señor, comprendiendo que ellos querían hacerle rey, subió hasta lo alto de la montaña para orar en solitud.

JESÚS CAMINA SOBRE LAS AGUAS

Entretanto, los discípulos tomaron el bote para cruzar el lago y regresar a Cafernaúm. Cuando estaban a una gran distancia de la orilla, Jesús vio que el viento estaba soplando en contra de ellos y que estaban pasando muchos trabajos remando. Así fue que El fue hasta ellos caminando por sobre las aguas. Al principio ellos creyeron que era un fantasma y dieron grandes voces de temor. "Soy Yo, no temáis," les dijo.

Entonces Pedro le habló, diciéndole: "Señor, si eres Tú mándame ir a Ti sobre la aguas." El dijo: "Ven." Pedro salió del bote y comenzó a caminar sobre las aguas hacia donde estaba Jesús; pero cuando vio las olas, perdió la confianza e inmediatamente comenzó a hundirse. "¡Señor, sálvame!" gritó Pedro. Jesús le tendió la mano y lo agarró, diciéndole: "Hombre de poca fe, ¿por qué has dudado?"

EL PAN DE VIDA

Después de la multiplicación de los panes y los peces, siendo ya el día siguiente, la multitud comprendió que nuestro Señor y Sus discípulos se encontraban al otro lado del lago; por lo tanto tambien ellos cruzaron el lago y fueron hasta Cafernaúm en busca de Jesús. Cuando lo encontraron le preguntaron cómo había llegado hasta allí. Jesús les respondió que El sabía que ellos lo buscaban no por los milagros que habían visto, sino porque habían comido de los panes y de los peces. El les dijo que El les daría alimento para la vida eterna y que debían tener fe en Aquel a Quien Dios había enviado. Antes de poner en El la fe, ellos le pidieron que les diera una señal del trabajo que El había de realizar por ellos. Ellos le recordaron que Moisés había dado pan que venía del cielo a sus antecesores.

Jesús promete la Sagrada Eucaristía.

Entonces Jesús les explicó que era Dios Quien daba el verdadero pan celestial. El pan de Dios proviene del cielo y da vida al mundo. "Yo soy el pan de vida." Les dijo. "El que viene a Mí, ya no tendrá más hambre, y el que cree en Mí, jamás tendrá sed."

La gente conocía a Jesús solamente como "el hijo del carpintero" y ahora se preguntaba cómo era que El decía que había venido del cielo. Jesús les dijo una vez más: "Yo soy el pan vivo bajado del cielo; si alguno come de este pan, vivirá para siempre, y el pan que Yo le daré es Mi carne, vida del mundo." Ellos discutían entre ellos mismos cómo era posible que El diera Su propia came a comer. Entonces Jesús les explicó que Su carne era verdadero alimento y Su sangre verdadera bebida. "El que come Mi carne y bebe Mi sangre tiene la vida eterna y Yo le resucitaré el último día," decía.

Muchos de Sus discípulos no podían aceptar estas palabras y Jesús sabía que ellos estaban protestando en contra de lo que El decía. Después de ésto muchos de ellos dejaron de seguirlo. Pero nuestro Señor no se retractó de lo que había dicho, pues era la verdad. Solamente se volvió hacia los Doce y les preguntó si también ellos querían abandonarlo. Simón Pedro le contestó: "Señor, ¿a quién iríamos? Tú tienes palabras de vida eterna, y nosotros hemos creido y sabemos que Tú eres el Santo de Dios."

LA MUJER CANANEA

Cuando Jesús estaba viajando por la región de Tiro y de Sidón, una gentil-sirio-fenicia-llegó hasta El implorándole que librara a su hija de un demonio. Aunque El le dijo que Su misión era solamente hacía las ovejas descarriadas de Israel, ella insistió en sus ruegos. Le rindió honores y le suplicó: "¡Señor, socórreme!"

Jesús pareció ser duro hacia ella, aún llegándole a decir que no era justo tomar el alimento de los niños para dárselo a los perros. Pero la mujer insistió: "Cierto, Señor, pero tambien los perrillos comen de las migajas que caen de la mesa de sus señores." Jesús, viendo cuán grande era su fe, aún en los momentos en que le era negada ayuda, replicó: "¡Oh mujer, grande es tu fe! Hágase contigo como tú quieres. El demonio ha salido de tu hija." Cuando ella llegó a su casa, halló la niña acostada en su cama y que el demonio había salido.

EL SORDOMUDO

Cuando Jesús regresó al Mar de Galilea y estaba predicando en la región de Decápolis, algunas personas trajeron hasta El un sordo-mudo de nacimiento y le rogaron que lo curase. Nuestro Señor se compadeció de este pobre hombre y tomándolo hacia un lado, lo apartó de la muchedumbre. Poniendo Sus dedos en las orejas del hombre, y escupiendo, le tocó la lengua, y mirando al cielo, suspiró y dijo: "Efeta" (lo cual quiere decir "ábrete"!). Inmedíatamente el hombre pudo oir y hablar claramente.

Jesús cura al sordomudo.

CUATRO MIL PERSONAS SON ALIMENTADAS MILAGROSAMENTE

Grandes multitudes seguían acudiendo a ver a Jesús, trayendo con ellos a los ciegos, paralíticos, sordos y sufriendo diferentes clases de enfermedades, permaneciendo junto a El aún en el desierto, para poder escuchar Sus palabras. Nuestro Señor sentía una gran compasión por esta muchedumbre, la cual había permanecido con El por espacio de tres días sin haber tenido nada para comer. Así fue que llamó a Sus discípulos y les preguntó con qué provisiones contaban, pues no quería despedir a la gente por miedo a que desfalleciera en el camino.

Los discípulos le contestaron que contaban con siete panes y algunos peces; entonces Jesús ordenó a la gente que se sentara, bendijo los panes y los peces y los dio a Sus discípulos para que lo distribuyeran entre la muchedumbre. Después que hubieron saciado el hambre, aún sobraron siete cestos, aunque había más de cuatro mil hombres, aparte de las mujeres y niños.

En cada una de las ocasiones que Jesús alimentó a la multitud, primero oró y después bendijo el alimento. Después ordenó a Sus discípulos que alimentaran al pueblo. Esta es una señal de la Santa Eucaristía, con la cual aún hoy día nuestro Señor alimenta a Su pueblo.

LA PROFESION DE FE DE PEDRO

Habiendo llegado nuestro Señor hasta el área de Cesarea de Filipo, preguntó a Sus discípulos: "Quién dicen los hombres que es el Hijo de Hombre?" Ellos respondieron que algunos decían que El era Juan el Bautista; otros, que Elías; otros, que Jeremías u otro de los profetas. Entonces El les preguntó: "Y vosotros, ¿quién decís que soy?" Y Simón Pedro respondió: "Tú eres el Mesías, el Hijo de Dios vivo." Jesús le dijo: "Bienaventurado tú, hijo de Joná! Porque no es la carne ni la sangre quien ésto te ha revelado, sino Mi Padre, que está en los cielos. Y Yo te digo a ti que tú eres Pedro, y sobre esta piedra edificaré Mi Iglesia, y las puertas del infierno no prevalecerán contra ella. Yo te daré las llaves del reino de los cielos, y cuanto atares en la tierra será atado en los cielos, y cuanto desatares en la tierra será desatado en los cielos." En este momento es que Cristo, el Fundador de la Iglesia, está construyendo Su casa (Su Iglesia) sobre una roca, como un sabio arquitecto, que cuando cae la lluvia y sopla el viento, la casa permanece firme

Pedro declara que Jesús es el Mesías.

contra la furia de la tormenta. El Papa es el sucesor de San Pedro y Vicario de Cristo en la tierra.

LA TRANSFIGURACION

Después de la declaración de fe de Pedro, nuestro Señor comenzó a instruirlos, diciéndoles que El, el Mesías, debía ir a Jerusalén donde habría de sufrir muchos tormentos. El habría de ser rechazado por el jefe de los sacerdotes y escribas y habría de ser condenado a muerte; pero al tercer día El volvería a la vida.

Entonces Jesús tomó a Pedro, Santiago y Juan con El a lo alto de una montaña. Allí Se transfiguró en presencia de ellos. Su cara brillaba como el sol y Sus ropas se volvieron blancas como la luz. Entonces Moisés y Elías se aparecieron y conversaron con El. Pedro tomó la palabra: "Señor, ¡qué bien estamos aquí! Si quieres, haré aquí tres tiendas, una para Tí, una para Moisés y otra para Elías." Apenas había dicho Pedro estas palabras, cuando una nube resplandeciente los cubrió y se oyó

Jesús es transfigurado en presencia de Pedro, Santiago y Juan.

una voz que decía: "Este es Mi Hijo amado, en Quien tengo Mi complacencia; escuchadle."

Sobrecogidos por el temor los discípulos se postraron, con sus caras tocando el suelo. Entonces Jesús llegó hasta ellos diciédoles que no temieran y, mirando, vieron a Jesús solamente. Bajando de la montaña, Jesús les ordenó de manera estricta que no dijeran a nadie lo que habían presenciado, hasta que el Hijo del Hombre se levantase de entre los muertos.

EL NIÑO POSEIDO DEL DEMONIO

Al pie de la montaña vieron una gran muchedumbre y un hombre vino hasta Jesús, arrodillándose ante él. El le rogó que tuviera piedad de su hijo que estaba demente, y gravemente enfermo. El niño se encontraba poseido por un demonio, el cual a veces hacía que el niño se arrojase al fuego y a veces al agua. También el hombre le dijo que había llevado al niño a los discípulos pero que ninguno había podido hacer nada por él. Jesús reprobó a la multitud por la poca fe que tenían.

Entonces El ordenó que le trajesen al niño y, tan pronto como el demonio estuvo a la vista de Jesús, provocó grandes convulsiones en el niño. El padre le dijo a Jesús que cualquier cosa que El pudiera hacer por el niño le sería muy agradecida. Jesús le respondió: "¡Si puedes! Todo es posible al que cree." humildemente, el pobre padre respondió: "¡Creo! Ayuda a mi incredulidad!" Entonces Jesús ordenó al espíritu impuro que abandonara al niño y no volviera jamás a él. El demonio obedeció, no sin antes agitar violentamente al niño, el cual quedó como muerto. Pero Jesús le tomó de la mano y se lo dio a su padre.

Más tarde, los discípulos le preguntaron privadamente por qué no podían ellos arrojar a los malos espíritus. Jesús les explicó: "Esta especie no puede ser expulsada por ningún medio si no es por la oración."

Según continuó su camino por la Galilea, Jesús instruyó de nuevo a Sus discípulos diciéndoles que el Hijo del Hombre habría de ser entregado en manos de pecadores, los cuales habrían de darle muerte. Al tercer día El resucitaría de entre los muertos; pero ellos no pudieron entenderle.

EL PAGO DE LOS IMPUESTOS AL TEMPLO

Llegando a Cafernaúm los cobradores de los impuestos del Templo se llegaron hasta Pedro preguntándole si su Maestro pagaba los impuestos por usar el Templo. Pedro respondió que desde luego que sí lo hacía. Nuestro Señor preguntó entonces a Pedro: "Los reyes de la tierra, ¿de quiénes cobran censos y tributos? ¿De sus hijos o de los extraños?" Cuando Pedro respondió: "De los extraños," Jesús le replicó: "Luego los hijos están exentos." Sin embargo, para no escandalizar a los cobradores del impuesto, le dijo a Pedro que fuese hasta el lago y atrapara un pez. En la boca del pez que Pedro pescaría habría una moneda con la cual Pedro habría de pagar el impuesto al Templo. Así lo hizo Pedro.

LA FIESTA DE LOS TABERNACULOS

Jesús había permanecido mayormente en Galilea, debido a que los jefes del pueblo procuraban Su muerte; pero cuando llegó la Fiesta de los Tabernáculos decidió ir hasta Jerusalén El solo. Había mucha controversia entre la gente, algunos diciendo que El era un hombre bueno; pero otros decían que seducía a las turbas.

El último día de las fiestas, Jesús exclamó: "Si alguno tiene sed, venga a Mí y beba. El que cree en Mí, según dice la Escritura, 'ríos de agua viva correrán de su seno' ". Muchos de entre la multitud le creían. Los fariseos querían hacerlo prisionero, pero ninguno se atrevió a poner sus manos en El.

Algunos de los guardías hicieron notar: "Ningún hombre habló antes como éste." Aún Nicodemo, miembro de los fariseos (el cual había venido hasta Jesús en medio de la noche), les dijo: "¿Desde cuándo condena nuestra ley a un hombre sin haberle escuchado antes y conocer todos los detalles?" Pero los fariseos estaban tan ciegos de celos y odio que lo despidieron con palabras sarcásticas.

LA MUJER ADULTERA

Después de estos sucesos Jesús se fue hasta el Monte de los Olivos a orar; pero a la mañana siguiente volvió al Templo y enseñaba a las gentes. Los escribas y fariseos se aparecieron en el lugar, trayendo con ellos a una mujer que había sido sorprendida en flagrante delito de adulterio, poniéndola delante de Jesús. Ellos pretendían atraparlo con Sus propias palabras. Así fue que le recordaron lo que establecía la Ley de Moisés, que semejante delito debía ser castigado con la muerte a pedradas.

Nuestro Señor no les respondió. Simplemente, se inclinó y escribía con su dedo en el polvo del suelo. Entonces El les dijo: "El que de vosotros esté sin pecado, arrójele la primera piedra." De nuevo se inclinó y escribía en el suelo. Uno a uno se alejaron de allí los fariseos hasta que, finalmente, estaba solamente la mujer enfrente de Jesús. Jesús le preguntó: "¿Nadie te ha condenado?" Y cuando ella le respondió: "Nadie, Señor," El le contestó que tampoco El la condenaba, que se fuera y no cometiera más pecados.

LOS DIEZ LEPROSOS

En uno de sus viajes por la Samaria y Galilea, diez leprosos vinieron buscando a Jesús. Desde lejos exclamaron: "Jesús, Maestro, ten piedad de nosotros". El les contestó simplemente que se presentaran a los sacerdotes. Cuando iban en el camino hacia los sacerdotes fueron limpios de la lepra. Uno de ellos se dio cuenta que había sido curado y regresó para dar gracias a Jesús y alabar a Dios. Este era un samaritano. Jesús hizo notar que solamente este extranjero había regresado a dar gracias a Dios, aunque habían sido diez los curados.

Cuán a menudo pedimos favores a Dios, pero nos olvidamos de darle las gracias por todo lo que El hace por nosotros. La gratitud es una virtud que agrada a Dios.

JESÚS BENDICE A LOS NIÑOS

Las gentes traían a los niños a Jesús para que El los tocase; pero los discípulos los reprendían y querían enviarlos lejos de allí. Jesús entonces reprobó a Sus discípulos, diciéndoles que no impidiesen que los niños llegasen hasta El,

El samaritano da gracias a Jesús por haberle curado de la lepra.

porque: "De ellos es el reino de Dios," dijo. Entonces los abrazaba y bendecía a los pequeñuelos, colocando Sus manos sobre sus cabezas.

ZAQUEO

Vivía en la ciudad de Jericó un hombre muy rico llamado Zaqueo, el cual era el jefe de los publicanos de aquel lugar. Cuando escuchó que Jesús iba a pasar por la ciudad sintió mucha curiosidad por verlo. Como Zaqueo era muy bajo de estatura, corrió delante de los demás y subió a un sicomoro para verle, pues Jesús había de pasar por allí.

Cuando Jesús llegó hasta el árbol donde se encontraba Zaqueo, se detuvo y mirando hacia arriba le dijo que bajara enseguida, puesto que El deseaba cenar con él en su casa. Zaqueo se llenó de inmensa alegría y corrió a ejecutar sus deberes como anfitrión. Algunos de los presentes comentaron que nuestro Señor iba ir a comer a casa de un pecador; pero Zaqueo, inspirado por la gracia divina, dijo a nuestro Señor: "Señor, doy la mitad de mis bienes a los pobres, y si a alguien he defraudado en algo, le devuelvo el cuádruplo." Jesús respondió: "Hoy ha venido la salvación a tu casa, por cuanto éste es también hijo de Abraham; pues el Hijo del Hombre ha venido a buscar y salvar lo que estaba perdido." Es esto lo que significa el arrepentimiento verdadero.

EL HOMBRE CIEGO DE NACIMIENTO

Un día nuestro Señor se encontró con un hombre el cual había nacido ciego. Sus discípulos le preguntaron si había sido el pecado de los padres o el propio el que había causado la ceguera del hombre. Jesús respondió que no había tal pecado, sino que estaba puesto para demostrar las obras de Dios. Diciendo ésto escupió en el polvo del suelo y haciendo un poco de fango y saliva, lo colocó sobre los ojos del ciego. Entonces le dijo que fuese y se lavase en la piscina de Siloé. Esto hizo el hombre y recuperó la vista.

Jesús realizó este milagro en día de sábado. Cuando los fariseos supieron de ésto, comenzaron a hacer preguntas al hombre que había sido curado, diciéndole que Aquel que lo había curado era un pecador puesto que había infringido la regla del sábado. El hombre replicó: "El es un profeta." Además dijo a los fariseos que nunca se había sabido que un ciego de nacimiento pudiera ser curado. Los fariseos acusaron a Jesús de ser pecador; pero el hombre sostuvo sus palabras con firmeza. "Si éste no fuera Dios, no podría hacer nada." Los fariseos estaban furiosos y echaron fuera al hombre.

Cuando oyó Jesús que este hombre había sido echado, lo buscó, preguntándole: "Crees en el Hijo del Hombre?" El hombre respondió: "¿Quién es, Señor, para que crea en El?" "Le estás viendo," replicó Jesús, "es el que habla contigo." El hombre dijo: "Creo, Señor", y se postró ante El adorándolo.

Este hombre que había sido ciego de nacimiento nos enseña el valor que debemos tener para mantenernos firmes en nuestra fe, aún en medio de grandes tribulaciones.

LA CUESTION DEL DIVORCIO

Hallándose Jesús en la región del Jordán enseñaba a todos aquellos que se reunían a Su alrededor. Como siempre, unos fariseos se le acercaron, con el sólo propósito de hacerle caer en una trampa con Sus propias palabras. De tal forma le preguntaron si el divorcio era permitido, puesto que estaba escrito en la Ley de Moisés el decreto del divorcio. Entonces Jesús les respondió que Moisés sólo lo había permitido debido a la testarudez del pueblo.

Les recordó que Dios los había creado varón y hembra y por este motivo dejaría el hombre a su padre y a su madre y se uniría a su mujer. "De manera que ya no son dos, sino una sola carne. Por tanto, lo que Dios unió no lo separe el hombre." Dijo a Sus discípulos: "El que repudía a su mujer y se casa con otra, adultera contra aquella, y si la mujer repudía al marido y se casa con otro, comete adulterio."

LAZARO ES RESUCITADO

Lázaro vivía en Betania con sus hermanas, María y Marta. Jesús amaba esta familia y muy a menudo los visitaba durante sus viajes. Un día, las hermanas mandaron aviso a Jesús de que Lázaro se encontraba enfermo; pero Jesús no fue inmedíatamente a Betania, pues decía: "Esta enfermedad no es de muerte, sino para gloria de Dios, para que el Hijo de Dios sea glorificado por ella." Pasado dos días, Jesús dijo a Sus discípulos que Lázaro había muerto, diciendo: "Vamos para allá." Cuando llegaron a Betania supieron que Lázaro había sido enterrado hacía ya cuatro días.

Marta dijo a Jesús: "Señor, si hubieras estado aquí, no hubiera muerto mi hermano." Y María, cuando se postró a los pies de Jesús, dijo lo mismo. Nuestro Señor entonces les dijo que El era la resurreción y la vida y que todo aquel que creyese en El, aunque muriese, viviría. Marta respondió: "Yo creo que tú eres el Mesías, el Hijo de Dios, que ha venido a este mundo."

Entonces Jesús fue con Sus discípulos, María y Marta hasta la tumba de Lázaro. Los judíos que habían acudido a consolar las hermanas también se encontraban allí. Cuando Jesús llegó a la tumba, lloró, porque El amaba a Lázaro. Entonces nuestro Señor ordenó que rodaran la piedra que cubría la sepultura; cuando hicieron esto, Jesús, levantando Sus ojos al cielo, dijo: "Padre, te doy gracias porque me has escuchado; yo sé que siempre me escuchas, pero por la muchedumbre que me rodea lo digo, para que crean que tú me has enviado." Entonces, exclamando con una gran voz, dijo: "Lázaro, sal fuera!" Y salió el muerto, ligados con fajas pies y manos y el rostro envuelto en un sudario. Jesús les dijo que lo soltasen y permitiesen que se fuera.

Esta manifestación del poder divino hizo que muchos judíos creyeran en El. Otros, sin embargo, inmedíatamente informaron a los fariseos de este evento. Los fariseos convocaron al sanedrín donde se determinó que Jesús debía morir. Esta decisión de ellos cumplía con el plan de Dios de que Jesús moriría no solamente por el pueblo judío; mas para reunir en uno a todos los hijos de

Dios que estaban dispersos. Desde aquel momento sólo buscaban la oportunidad para darle muerte.

JESUS ES UNGIDO

Mientras Jesús se encontraba en Betania le dieron una cena, en la cual Marta servía y Lázaro se encontraba sentado a la mesa con El. María trajo un costoso perfume y ungió los pies de Jesús con él, secándolos después con sus cabellos. Judas Iscariote, uno de los Doce (el cual había de traicionarlo), criticó aquel acto de amor severamente. Decía que aquel ungüento no debía haber sido gastado, pero que podía haber sido vendido y el dinero dado a los pobres. A Judas no le importaban para nada los pobres. El era un ladrón y, puesto que era él quien manejaba la bolsa común, quería el dinero para sí.

Pero nuestro Señor anunció que esta mujer había hecho un acto de preparación para Su entierro. "Los pobres," dijo Jesús, "los tenéis siempre con vosotros, pero a Mí no me tenéis siempre." Además, dijo nuestro Señor: "En verdad os digo, dondequiera que sea predicado este evangelio en todo el mundo, se hablará también de lo que ha hecho ésta para memoria suya." Esto nos enseña cuánto nuestro Señor aprecia aún el más pequeño de nuestros actos de adoración a su Sagrado Cuerpo, así como nuestras obras por los pobres.

III. PASION, MUERTE Y RESURRECCION

(30 D.C.)

LA ENTRADA EN JERUSALEN

JESUS continuo Su jornada hacia Jerusalén, entrando en Betfagé en el Monte de los Olivos; desde allí envió a dos de Sus discípulos con instrucciones para que le trajeran un pollino. Esto sería hecho para cumplir con la profecía: "Decid a la hija de Sión: He aquí que tu rey viene a ti, manso y montado sobre un asno, sobre un pollino hijo de una bestia de carga." El habría de entrar en Jerusalén como un rey de paz, no como un conquistador.

Jesús entra en Jerusalén en triunfo.

Los discípulos hicieron como se les habia dicho y pusieron sobre el animal sus mantos, sobre el cual Jesús montó. La gran multitud que había acudido por las fiestas extendía sus mantos en el suelo, mientras que algunos otros cortaron ramas de árboles y de palmas extendiéndolas a lo largo del camino que Jesús había de recorrer. Muchos de los que estaban allí Lo conocían y sabían que El había resucitado a Lázaro de entre los muertos.

La gente exclamaba: "¡Hosanna al Hijo de David! ¡Bendito el que viene en nombre del Señor! ¡Hosanna en las alturas!" (Estas son las palabras que decimos hoy en la Misa, después del "Santo, Santo, Santo.")

Los fariseos se quejaron y pidieron a Cristo que mandase a callar la gente. Pero Jesús les respondió: "Os digo que, si ellos callasen, gritarían las piedras." Los fariseos estaban ciegos de ira. "Ya veis que no adelantamos nada. Ya veis que todo el mundo se va en pos de El."

Ahora bien la Pascua era una gran fiesta de los judíos y había griegos y muchos otros que practicaban la religión judaica que habían venido a Jerusalén para rendir culto. Algunas de estas gentes hablaron a Felipe, pidiéndole ver a Jesús. Cuando Jesús escuchó esto, dijo: "Es llegada la hora en que el Hijo del Hombre será glorificado." Después El dijo: "Padre, glorifica Tu nombre!" Llegó entonces una voz del cielo: "Le glorifiqué y de nuevo le glorificaré." Algunos, habiendo oido ésto, dijeron que había tronado; pero otros, dijeron que un ángel le había hablado.

Entonces Jesús contestó: "No por Mí se ha dejado oir esta voz, sino por vosotros. Ahora es el juicio de este mundo; ahora el príncipe de este mundo será arrojado fuera, y Yo, si fuere levantado de la tierra, atraeré a todos a Mi." (Decía ésto Jesús para enseñar la clase de muerte que habría de padecer.)

Al mirar Jesús a la hermosa ciudad, con su magnífico Templo y esbeltos edificios, El lloró. "¡Si al menos en este día conocieras la paz tuya! ¡Pero ahora está oculto a tus ojos!" Después predijo su absoluta destrucción. Más tarde abandonó la ciudad y regresó a Betania.

LA HIGUERA ESTERIL

Muy temprano a la mañana siguiente, Jesús regresaba a Jerusalén, cuando sintió hambre. Llegó hasta una higuera y viendo que no tenía frutos, le dijo: "¡Que jamás nazca fruto de tí!" Al instante se secó la higuera.

Habiendo llegado al Templo, de nuevo comenzó a expulsar a los vendedores y compradores y aquellos que cambiaban dinero. Decia El: "¿No está escrito: 'Mi casa será casa de oración para todas las gentes? Pero vosotros la habéis convertido en una cueva de ladrones.'"Nos mostró nuestro Señor con esta acción que debemos respetar la casa de Dios y que al pueblo debe enseñársele el verdadero significado de adoración y reverencia.

LA AUTORIDAD DE JESUS

Después de pasar la noche en el Monte de los Olivos, Jesús y Sus discípulos regresaron a la ciudad. Mientras enseñaba en el área del Templo, los jefes de los sacerdotes y los ancianos le preguntaron bajo qué autoridad hacía El aquellas cosas. (Se referian a la expulsión de los vendedores del Templo). Jesús les dijo en respuesta que si ellos podían responder una pregunta que El les haría, El les diría entonces de dónde provenía Su autoridad. Así fue que El les preguntó: 'El bautismo de Juan, ¿era del cielo o era de los hombres?"

Ellos sabían que si respondían que era de origen divino, El les preguntaría que entonces por qué no creían en él. Por otra parte, si respondían que era "meramente de origen humano", tendrían problemas con la gente. Estos hombres temían perder su popularidad con el pueblo. La respuesta fue: "No sabemos." Entonces Jesús les dijo que tampoco El revelaría de donde provenía Su autoridad.

Otra vez, mientras El se encontraba enseñando, estando presentes los escribas y fariseos, Jesús les hizo esta pregunta: "¿Qué os parece de Cristo? ¿De quién es hijo?" Ellos respondieron: "De David." Pero El les contestó: "Pues, ¿cómo David, en espíritu, le llama Señor, diciendo: 'Dijo El Señor a mi Señor: Siéntate a Mi diestra mientras pongo a Tus enemigos bajo Tus pies'"? Si, pues, David le llama Señor, comó es hijo suyo?"

Ellos no pudieron responderle, mientras la mayor parte de la gente que escuchaba esto estaba llena de admiración.

Entonces Jesús empezó a advertir a la multitud y a Sus discípulos acerca de la hipocresía de los escribas y fariseos. El mantuvo la autoridad que estos tenían como maestros de la Ley, ya que eran sucesores de Moisés. Pero El señaló que ellos gustaban de ser sentados en lugares de honor y que les tuvieran gran estimación y que todas las acciones que ejecutaban estaban encaminadas a ser vistas y admiradas por los demás. Con esto nos dice nuestro Señor, en forma muy llana, que todo aquel que se exalta a sí mismo será humillado, pero quienquiera que se humille será exaltado, es decir, en el reino de los cielos.

EL OBOLO DE LA VIUDA

Estando sentado cerca del lugar donde se depositaban las ofrendas, Jesús contemplaba la gente depositando sus monedas en el recipiente destinado a este fin. En esto una pobre viuda vino y depositó dos pequeñas monedas de cobre que valían sólo unos centavos. Llamando la atención de Sus discípulos sobre lo que acababan de ver, les dijo que aquella pobre mujer había dado mucho más que el resto de la gente; los demás habían dado de lo que les sobraba, mientras que la viuda habia dado de lo único que tenía para vivir.

LA SEGUNDA VENIDA DE CRISTO

Habiéndose sentado con Sus discípulos en el Monte de los Olivos, nuestro Señor predijo la destrucción del Templo y de toda la ciudad de Jerusalén. Entonces les previno de los falsos profetas y de todas las señales que habrían de suceder al llegar el final del mundo. Nadie sino el Padre sabe la hora exacta de la segunda llegada de Cristo. Por lo tanto, Jesús les previno, y también a nosotros, que debemos estar siempre alerta. Debemos vigilar y orar constantemente y obedecer Sus mandamientos. Las parábolas de las "Diez Vírgenes" y la de "Los Talentos" ilustran claramente esta advertencia de mantenemos siempre alerta.

LA TRAICION

El jefe de los sacerdotes y escribas estaba constantemente tratando de encontrar la forma en que ellos pudieran arrestar a Jesús y matarlo. La fiesta de la Pascua se acercaba y temían que la turba se amotinara si intentaban ejecutar sus planes en aquel momento.

Pero Satanás estaba muy cerca de ellos, bajo la apariencia de Judas Iscariote, uno de los Doce, el cual se llegó hasta los fariseos y escribas preguntándoles cuánto estaban dispuestos a dar si les entregaba a Jesús; ya que Judas sabía donde se encontraba Jesús y podía buscar una oportunidad favorable para entregarlo. Ellos le ofrecieron treinta monedas de plata, que él aceptó.

INSTITUCION DE LA SAGRADA EUCARISTIA

Era la costumbre en el primer día de los Acimos sacrificar un cordero pascual. Por lo tanto, Jesús envió a Pedro y Juan a la ciudad para hacer las preparaciones necesarias para la fiesta. "Entrando en la ciudad, os saldrá al encuentro un hombre con un cántaro de agua," Jesús le dijo. "Seguidle hasta la casa en que entre y decid al amo de la casa, 'El Maestro te dice: ¿Dónde está la habitación en que pueda comer la Pascua con Mis discípulos?' El os mostrará una sala grande, aderezada; preparadla allí."

Encontraron todo tal cual lo había predicho el Señor y prepararon la cena de Pascua. Cuando estuvieron todos reunidos, Jesús les dijo: "Ardientementre he deseado comer esta Pascua con vosotros antes de padecer, porque os digo que no la comeré más hasta que sea cumplida en el reino de Dios." Ya había comenzado la cena pascual, cuando Jesús se levantó de la mesa, puso a un lado Su manto y ató una tohalla alrededor de sus cintura. Vació agua en una vasija y comenzó a lavar los pies de Sus discípulos. Simón Pedro protestó de este acto de humildad de Jesús; pero Jesús le aseguro que si El no le lavaba los pies, él, Pedro, no participaría de la herencia de Cristo. Inmedíatamente Pedro accedió a ser lavado. Nuestro Señor les dijo, además, que aunque El los había lavado a todos, no todos estaban limpios. Se refería a aquel que lo iba a traicionar.

Habiéndose sentado a la mesa de nuevo, dijo a Sus discípulos que aunque El era Maestro y Señor, había lavado los pies de ellos. Les estaba poniendo un ejemplo de humildad, e igualmente debían hacer los unos con los otros. ¡Qué gran consideración y humildad enseñó el amante corazón de Jesús a Sus discípulos y también a nosotros! ¡El, siendo Dios, lavó los pies de humildes hombres!

Después de esto, Jesús anunció que uno de los Doce habría de traicionarlo. Tal cosa les pareció increíble a Sus discípulos y estaban muy molestos. Comenzaron a preguntarse entre ellos quién podría hacer semejante cosa. Jesús dijo a Su discípulo amado, el cual estaba recostado junto a El en la mesa, que aquel a quien él diese un bocado mojado en la fuente que había en la mesa, aquel sería. Entonces El mojó el bocado y se lo pasó a Judas Iscariote. Después de haberlo comido, Judas se fue. Era ya de noche.

Entonces nuestro Señor tomó el pan en Sus manos, dio gracias, lo partió y dio a Sus discípulos, diciendo; "Este es Mi

Jesús instituye la Sagrada Eucaristía.

cuerpo, que es entregado por vosotros; haced esto en memoria Mía." Después tomó el cáliz e hizo lo mismo, diciendo: "Esta es Mi sangre, sangre de la alianza, que será derramada por muchos para remisión de los pecados."

En las palabras, "Haced esto en memoria Mía," Jesús aseguró que Su sacerdocio sería continuado en Su Iglesia a través de los Apóstoles y sus sucesores. El concede la dignidad de un sacerdocio real a todos los miembros de la Iglesia (llamado "el sacerdocio común de los fieles") medíante el Sacramento del Bautismo. Y de éstos, El escoge ciertos hombres para compartir Su sagrado ministerio por medio de la imposición de las manos en el Sacramento de la Santas Ordenes (llamado "ministerio sacerdotal").

"El sacerdote ministerial, a través del sagrado poder que él disfruta, enseña y gobierna al pueblo sacerdotal; actuando en nombre de Cristo, el ejecuta el Sacrificio Eucarístico y lo ofrece a Dios a nombre de todos los fieles. Pero los fieles, en virtud de su sacerdocio real, se unen a este ofrecimiento de la Eucaristía. Igualmente ejercitan este sacerdocio al recibir los Sacramentos, en la oración y en la acción de gracias, siendo testigos de una vida santa y por la negación de si mismo y activa caridad cristiana." (Vaticano II: De la Constitución de la Iglesia, art. 10).

De esta forma, Cristo el Señor estableció el Sacrificio Eucarístico de Su Cuerpo y Su Sangre y lo encargó a la Iglesia, como un memorial de Su Pasión y Resurrección. La Cena del Señor o Santa Misa reune a todo el pueblo de Dios, con un sacerdote presidiendo en la persona de Cristo, para celebrar el memorial del Señor o Sacrificio Eucarístico. Es por esta razón que la promesa de Cristo es realmente verdadera cada vez que hay una congregación de la Iglesia: "Dondequiera que dos o tres se reunan en Mi nombre, Yo estaré en medio de ellos."

Durante la celebración de la Misa, que perpetúa el sacrificio de la cruz, Cristo se encuentra presente en medio de los fieles que se reunen en su nombre, en la persona del ministro, en su palabra, verdaderamente sustancial y eterna bajo las especies Eucarísticas.

Depués de la partida de Judas y de la institución de la Eucaristía, Jesús advirtió a Sus discípulos que la fe quc ellos tenían en El habría de ser perturbada. Pedro protestó diciendo que aunque todos los otros lo abandonasen, él nunca lo haría. Entonces Jesús solemnemente le dijo a Pedro que antes que el gallo cantase tres veces, esa misma noche, él, Pedro, lo negaría. También Cristo le dijo a Pedro que aunque Satán deseaba llevarlo consigo, El había orado por él para que su fe no decayera y sirviera de fortaleza a los demás. Antes de abandonar el lugar de la cena, Jesús dio todavía a Sus discípulos un nuevo mandamiento de amor: ellos debían amarse los unos a los otros en la misma forma que El los había amado. También les advirtió del odio y desprecio que el mundo sentiría por ellos, porque el espíritu del mundo odía a Cristo y odíaría a Sus seguidores. Les dijo que serían perseguidos por amor a Su nombre. Pero también les prometió que El les enviaría el Espíritu Santo después que El hubiese regresado a Su Padre. El Espíritu de verdad y santidad estaría con ellos y con Su Iglesia por los siglos de los siglos.

Entonces ellos cantaron un himno de alabanza y partieron hacia el otro lado del torrente Cedrón, hacia el Monte de los Olivos.

EL JARDIN DE GETSEMANI

Cuando llegaron al Jardín, en el cual tantas veces Jesús elevó sus oraciones, El tomó consigo a Pedro, Santiago y Juan y les pidió que estuviesen alerta mientras El oraba. El se aparto un poco de ellos y postrándose comenzó a orar: "Padre, si quieres, aparta de mi este cáliz; pero no se haga mi voluntad, sino la tuya." Cuando regresó a Sus discípulos después de haber orado, los encontró dormidos. Dijo a Pedro: "¿Duermes? ¿No has podido velar conmigo una hora?" Y los exhortó para que estuvieran alerta y vigilaran para no caer en tentación.

Jesús se retiro por segunda vez y oró con las mismas palabras que la primera vez. Después, regresando a Sus discípulos los encontró dormidos nuevamente; porque no podían mantener los ojos abiertos. El los dejó y fue a orar por una tercera vez, diciendo las mismas palabras que en las oraciones anteriores. Entonces se apareció un ángel del cielo que lo consolaba y fortalecía. Jesús experimentó tal agonía que Su sudor se convertía en gotas de sangre que caían al suelo.

Nuestro Señor nos enseña cuán importante es para nosotros rezar en todas nuestras necesidades, pero muy especialmente en los momentos de tentación.

JESUS ES ARRESTADO

Entonces llegó Judas con los soldados del gran sacerdote y yendo hasta Jesús, lo besó. Esta era la señal que él había dado a los soldados para que se apoderasen de Jesús y hacerle pri-

Jesús es traicionado por Judas con un beso.

sionero. Jesús le dijo: "Judas, ¿con un beso entregas al Hijo del Hombre?" Cuán misericordioso fue nuestro Divino Señor con este infeliz hombre. Si Judas hubiese pedido que El lo perdonara, El lo hubiera hecho de inmedíato.

Mientras tanto. Pedro había sacado su espada y cortado la oreja de Malco, el sirviente del gran sacerdote. Pero Jesús ordenó a Pedro que guardara su espada, ya que El debía cumplir con la voluntad de Su Padre. Entonces curó la oreja del sirviente. Cuando Sus enemigos hubieron atado y llevado a Jesús hacia la prisión, todos Sus discípulos huyeron, tal como El lo había predicho.

JESÚS ANTE ANAS

Primero Jesús fue llevado ante Anás, suegro de Caifás, el cual era pontífice aquel año. Anás lo interrogó con relación a Sus discípulos y Sus enseñanzas; mas Jesús le respondió que El siempre había enseñado públicamente y que lo había hecho o en la sinagoga o en el área del Templo. Por lo tanto, Anás debía interrogar a aquellos que lo habían escuchado. Uno de los guardas lo golpeó en la cara. Jesús le dijo: "Si hablé mal, muéstrame en qué, y si bien, ¿por qué Me pegas?"

LA NEGACION DE PEDRO

Entretanto, Simón Pedro había seguido a Jesús en unión de otro discípulo (probablemente San Juan). El otro discípulo conocía al gran sacerdote y logró que Pedro, el cual se encontraba esperando junto a la puerta, entrase en el atrio del pontífice. La portera que dejó entrar a Pedro le dijo: "¿Eres tú acaso de los discípulos de este hombre?" Pedro respondió que no era. Estaba fría la noche y los soldados y sirvientes habían hecho un fuego para calentarse, y Pedro estaba con ellos, los cuales le preguntaron: "¿No eres tú también de sus discípulos?" Pero Pedro lo negó nuevamente, diciendo: "¡No soy!".

Entonces uno de ellos, que era pariente del hombre al cual Pedro le había cortado la oreja, acercándosele le dijo: "¿No te he visto yo en el huerto con él?" Una vez más Pedro lo negó, y en ese instante cantó el gallo. El Señor se volvió y miró a Pedro. Entonces recordó Pedro lo que El le había dicho, que antes que el gallo cantara lo negaría tres veces. Entonces Pedro salió del lugar y lloró amargamente.

JESÚS ANTE CAIFAS Y EL SANEDRIN

Estando todavía atado con cuerdas, Jesús fue enviado por Anás a Caifás. Ahora bien, Caifás había sido quien había pro-

Jesús proclama Su divinidad ante el Sanedrín.

puesto a los judíos la ventaja de hacer que un hombre muriera por el pueblo. Presentaron testigos falsos, pero los testimonios dados por estos no eran uniformes. Finalmente, el gran sacerdote le preguntó a Jesús si tenía alguna respuesta que dar a estas acusaciones. Jesús permaneció en silencio. Entonces el gran sacerdote le preguntó directamente: "¿Eres Tú el Mesías, el Hijo de Dios?"

Jesús replicó: "Yo soy, y veréis al Hijo del Hombre sentado a la diestra del Poder y venir sobre las nubes del cielo." Al oir esto el gran sacerdote rasgó sus vestiduras y acusó a nuestro Señor de blasfemia. Pidió un veredicto y declararon unánimemente que Jesús debía ser condenado a muerte.

JESÚS ANTE PILATO

Cuando llegó la mañana Jesús fue llevado al pretorio para hacerlo aparecer ante Pilato, el gobernador romano. Pilato lo interrogó, preguntando si era El el rey de los judíos. Jesús le contestó a Pilato que Su reino no era de este mundo. "¿Luego Tú eres rey?", le preguntó Pilato. Jesús contestó: "Tu dices que soy rey. Yo para esto he venido al mundo, para dar testimonio de la verdad; todo el que es de la verdad oye mi voz." "¿Y qué es la verdad?", dijo Pilato.

Jesús da testimonio delante de Pilato.

Pilato no esperó por una respuesta, más bien salió hacia donde se encontraba la multitud agolpada; que insistía que Jesús estaba enardeciendo las turbas a través de Judea y Galilea. Tan pronto como Pilato supo que Jesús era de Galilea, lo envió a Herodes, ya que ésta era su juridicción. Pilato había dicho que no había encontrado causa en contra de Jesús de crimen alguno y estaba muy contento de haber encontrado una buena excusa para librarse del caso.

JESÚS ANTE HERODES

Herodes se alegró mucho de ver a Jesús, pues había escuchado muchos reportes acerca de él y esperaba que Jesús ejecutara uno de Sus milagros, para divertirlo a él y a su corte. Pero Jesús permaneció completamente en silencio cuando fue interrogado y acusado. Herodes, poniéndose furioso, lo trató con gran desprecio. Tomó una vestidura blanca (la vestimenta de los tontos) la cual colocó en Jesús y lo envió de nuevo a

Pilato. En aquel día se hicieron amigos el uno del otro, pues habían estado querellados. Cristo llegó a usar la vestidura de los tontos por nuestra salvación. Muchos de Sus santos siguieron su ejemplo, prefiriendo pasar por tontos antes que abandonar la verdad de Cristo.

FINAL DE JUDAS

Cuando Judas supo que Jesús había sido condenado por los jefes de los sacerdotes, lamentó inmedíatamente lo que había hecho. Regresó donde estaban los jefes de los sacerdotes y ancianos, diciéndoles que lo que él había hecho era algo perverso, pues había entregado a un hombre inocente. Ellos le replicaron que eso no les importaba; ese era el problema de Judas. Judas les tiró las treinta monedas de plata y fue y se ahorcó. Si tan sólo Judas, como Pedro, hubiera acudido al Señor con un arrepentimiento verdadero, cuán pronto hubiera sido perdonado.

Los príncipes de los sacerdotes tomaron el dinero que Judas les había lanzado y compraron con él un campo que sirviera de cementerio para peregrinos. Este campo se le llamó "Campo de Sangre". Con esto se cumplió la profecía de Jeremías: "Y tomaron treinta piezas de plata, el precio en que fue tasado aquel a quien pusieron precio los hijos de Israel, y las dieron por el campo del Alfarero, como el Señor me lo había dicho."

JESÚS ANTE PILATO POR SEGUNDA VEZ

Cuando Jesús fue traído nuevamente ante Pilato, después que Herodes lo hubo interrogado, el gobernador recordó a la turba que era costumbre establecida que, al tiempo de la Pascua, un prisionero, escogido por ellos, fuera puesto en libertad. Entonces Pilato, tratando de libertar a Jesús, les ofreció que escogiesen entre El y Barrabás, un asesino. Pero los jefes de los sacerdotes enardecieron a la multitud, gritando: "¡Queremos a Barrabás, no a éste!".

Entonces Pilato ordenó que se llevasen a Jesús y lo flagelaran. De este modo llano y simple narran los cuatro

Evangelistas este terrible acto. La flagelación era el más brutal de los castigos, aplicado solamente a esclavos y criminales. La ley judaica prohibía que se aplicasen más de cuarenta latigazos, los cuales era dados con correas de cuero o cadenas engarzadas con huesos, metales o púas. La víctima recibía trece latigazos en el pecho y veintiseis en la espalda. No sabemos cuántos latigazos recibió Jesús en cumplimiento de la profecía de Isaías: "Dí mi espalda a aquellos que me golpearon."

Después de ésto, se les dio completa libertad a los soldados para que tratasen al condenado como les viniera en ganas. Los soldados se agruparon a Su alrededor y, despojándole de Sus ropas, le echaron por encima una vestidura de púrpura–como burla de Su realeza; después tejieron una corona hecha de espinas y se la encajaron en la cabeza, haciendo que la sangre manase hasta Sus ojos. Colocaron una caña en Su mano como si fuera un cetro y, pretendiendo rendirle homenaje, lo saludaban diciendo: "¡Salve, rey de los judíos!".

Continuaron maltratándole, golpeándole en la cabeza con una vara y escupiéndole, arrodillándose delante de El como si le rindieran pleitesía. A todo se sometió en silencio nuestro Señor, sin pronunciar queja alguna. En las palabras de Isaías: "Mi cara no protegí de los golpes y escupidas."

JESÚS ANTE PILATO POR TERCERA VEZ

Después de haber hecho vestir nuevamente a Jesús con Sus propias ropas, Pilato lo presentó ante el pueblo, esperando que éstos estuvieran satisfechos, viéndole en tan lastimoso estado; pero la muchedumbre gritó: "¡Crucíficale, crucíficale!".

Cuando el pueblo dijo a Pilato que ellos tenían una ley que ordenaba dar muerte a Jesús porque El había proclamado ser Hijo de Dios, Pilato se atemorizó. Trajo de nuevo a Jesús al pretorio y le preguntó que de dónde había El venido. Jesús permaneció en silencio. Pilato entonces le recordó que él tenía poder para darle la libertad o mandarlo a crucificar. Pero Jesús le respondió: "No tendrías ningún poder sobre Mí si no te hubiera sido dado de lo alto; por ésto los que Me han entregado a tí tienen mayor pecado." Nuestro Señor fue hacia Su Pasión y Muerte en obediencia a la voluntad de Su Padre, para expiar por los pecados y alcanzar para nosotros la salvación eterna.

Pilato estaba más que deseoso de libertar a Jesús; pero la turba le gritaba: "Si sueltas a éste, no eres amigo del César." Y le gritaban: "Nosotros no tenemos más rey que al César." Entonces Pilato, lavándose las manos, les dijo: "Yo soy inocente de esta sangre; vosotros veáis." Fue por miedo a perder su posición en el Gobierno que Pilato entregó a Jesús a la multitud para que fuese crucificado. Ninguna agua en el mundo podía limpiar a Pilato de este acto espantoso. Cristo es el verdadero Rey de todos. Su Reino es eterno. En este mundo El reina desde la cruz y todos aquellos que desean seguirlo deben también llevar una cruz.

LA CRUCIFIXION

Entonces se llevaron a Jesús para ser crucificado. Cargando Su cruz, El comenzó el largo y doloroso viaje hacia el Monte del Calvario (o, Lugar de la Calavera). Debilitado por la pérdida de sangre y los maltratos de que había sido objeto, cayó varias veces bajo el peso de la cruz. En el camino se encontraron a un hombre de Cirene, de nombre Simón, al cual obligaron a que ayudase a nuestro Señor a cargar con la cruz. Una gran multitud lo seguía, incluyendo un grupo de mujeres que lloraban por El; Jesús se dirigió a ellas, diciéndoles: "Hijas de Jerusalén, no lloréis por Mí; llorad más bien por vosotras mismas y por vuestros hijos, porque días vendrán en que se dirá: 'Dichosas las estériles, y los vientres que no engendraron, y los pechos que no amamantaron.' Entonces dirán a los montes: 'Caed sobre nosotros; y a los collados: Ocultadnos,' porque si esto se hace en el leño verde, en el seco, ¿que será?"

Cuando llegaron al Gólgota, lo despojaron de Sus vestimentas y lo crucificaron. Jesús fue crucificado entre dos malhechores, uno a Su derecha y otro a Su izquierda. Sobre Su cabeza Pilato había mandado a colocar una inscripción, que

Después de tres horas, Jesús muere en la cruz.

leía: JESUS NAZARENO, REY DE LOS JUDIOS, la cual estaba escrita en hebreo, latín y griego, para que todos pudiesen leerla. Los príncipes de los sacerdotes se habían opuesto a esta inscripción, pero Pilato se negó a quitarla.

Entonces los soldados repartieron Sus vestiduras entre ellos. La túnica era sin costura, tejida toda desde arriba, así que echaron suertes para ver a quién le tocaba; de esta forma se cumplían las Escrituras: "Dividiéronse mis vestidos y sobre mi túnica echaron suertes."

El populacho y los jefes de los sacerdotes lo insultaban, al igual que los soldados y aún aquellos que habían sido crucificados junto con El. Pero Jesús decía: "Padre, perdónalos, porque no saben lo que hacen." Uno de los malhechores crucificados lo insultaba, diciendo: "¿No eres Tú el Mesías? Sálvate, pues, a Ti mismo y a nosotros." Pero el que estaba a la derecha de Jesús le dijo a su compañero: "¿Ni tú que estas sufriendo el mismo suplicio, temes a Dios? En nosotros se cumple la justicia, pues recibimos el digno castigo de nuestras obras; pero éste nada malo ha hecho." Entonces, volviéndose hacia Jesús, le dijo: "Jesús, acuérdate de mí cuando llegues a Tu reino." Jesús le respondió: "En verdad te digo, hoy estarás conmigo en el paraiso."

El "buen ladrón" nos demuestra las condiciones que debemos tener en nosotros mismos para poder alcanzar el perdón de los pecados. El admitió sus pecados y humildemente dijo que estaba recibiendo el castigo merecido. Después depositó su fe y confianza en la misericordía de nuestro Señor y lo reconoció como Rey. En verdad que no había nada en el aspecto externo de Jesús en aquel momento que indicase que El fuese rey y que pudiera perdonar los pecados. Por esto fue que "el buen ladrón" profesó un verdadero acto de fe.

Estaban junto a la cruz de Jesús, Su Madre y la hermana de Su Madre, María la de Cleofás y María Magdalena. Viendo a María junto a San Juan, el discípulo amado, El le dijo: "Mujer, he ahí a tu hijo." Después le dijo al discípulo: "He ahí a tu Madre." Y desde aquel momento el discípulo la recibió en su casa.

Según se acercaba el final, Jesús dijo: "Tengo sed," para que se cumpliesen las Escrituras. Uno de los soldados empapó una esponja en vinagre, la cual puso en una vara y se la llevó a la boca, haciendo que El bebiera, cumpliendo las palabras del Salmo 69: "Cuando tuve sed me dieron vinagre a beber." Después de haber bebido, El dijo: "Todo está acabado."

Entonces, dando un fuerte grito, Jesús exclamó: "Padre, en tus manos entrego mi espíritu," y doblando la cabeza, expiro. El centurión que estaba de guardía, oyendo lo que había dicho Jesús al expirar, dijo: "Verdaderamente este hombre era Hijo de Dios."

Era el día de la Preparación del Sábado y los jefes del pueblo no deseaban que los cuerpos fuesen dejados en la cruz en día de sábado, el cual era día de festividad solemne. Por lo tanto, pidieron a Pilato que ordenara que les rompieran las piernas (lo cual apresuraba la muerte) y bajasen los cuerpos. Cuando los soldados llegaron hasta la cruz de Jesús, vieron que ya El estaba muerto, por lo que no rompieron Sus piernas; sin embargo, uno de los soldados atravesó con su lanza el costado

Un soldado atraviesa con su lanza el costado de Jesús.

de Jesús e inmedíatamente de la herida salió sangre y agua. Todo lo que las Escrituras decían acerca de El, se había cumplido: "No romperéis ni uno de sus huesos"; y en otro pasaje que dice: "Mirarán al que traspasaron".

Aún hasta el final, nuestro Divino Señor nos mostró Su gran amor. En su encíclica referente a la Devoción al Sagrado Corazón, el Papa Pío XII claramente establece que "la herida del Sacratísimo Corazón de Jesús . . . ha sido a través de las edades el ejemplo viviente de ese amor que es otorgado libremente por el cual Dios dio a Su Hijo Unigénito para la redención del hombre, y con el cual Cristo nos amó de manera tan intensa que Se ofreció a Sí Mismo por nosotros como sangrienta víctima en el Calvario." Y ahora nuestro Señor nos ha demostrado de modo claro que "no hay amor más grande que éste: dar la propia vida por la de nuestros amigos."

ENTIERRO DE JESÚS

José de Arimatea, miembro del Sanedrín y discípulo secreto de Jesús, en unión con Nicodemo, recibieron permiso de

Jesús es bajado de la cruz.

parte de Pilato para bajar el cuerpo de Jesús de la cruz. Trajeron consigo una mezcla de mirra y áloe y envolvieron Su cuerpo con los aromas en sábanas de lino, de acuerdo con la costumbre judía. Habían cavado una tumba nueva en un jardín cercano y allí colocaron el cuerpo de Jesús. Después rodaron una gran roca para cubrir la entrada de la tumba y partieron.

Los fariseos pusieron un sello a la tumba y la mantuvieron bajo vigilancia, con sus propios guardías.

EL SABADO SANTO

Mientras el cuerpo de Cristo permanecía en la tumba en ese sábado, Su alma estaba en el lugar donde las almas de los justos esperan el anuncio de su redención.

Mientras tanto, aquellos que habían quedado en la tierra lloraban su pérdida. Este dolor era sufrido sobre todo por Su amantísima Madre, aunque su pena siempre iba unida a la esperanza de la resurrección. Es este un buen lugar para considerar lo que la Iglesia nos enseña acerca de la Bendita Virgen María.

El Concilio Vaticano II, en su capítulo 8° de la Constitución de la Iglesia, nos dice claramente que María, la Madre del Redentor, estaba "unida a El por la compasión cuando El murió en la cruz. En esta forma particular ella cooperó con su obediencia, su fe, su esperanza y ardiente caridad a la obra del Señor de dar vida sobrenatural a las almas. Por lo tanto ella es nuestra Madre en el orden de la gracia."

Puesto que ella es la Madre de Dios y está unida a su Hijo, la Bendita Virgen se encuentra también intimamente unida a la Iglesia. María es exaltad por encima de todos los ángeles y hombres, por la gracia de Dios, y, por lo tanto, es justamente honrada por la Iglesia con una devoción muy especial.

El Papa Pablo VI, en su Exhortación Apostólica, "Devoción a la Bendita Virgen Maria," hace hincapié en el ejemplo de santidad de María para alentar a los fieles a mirar hacia ella como un modelo de virtudes. Ella, que fue saludada por el ángel como "llena de gracia", es digna de ser honrada y su devoción "se convierte para los fieles en oportunidad de aumentar en la divina gracia."

Los Obispos Americanos, en la Carta Pastoral, "He Aquí a Tu Madre: Mujer de Fe," nos demuestran como, a través de todos los Evangelios se nos señala "reconocer el lugar especial que la Madre de Jesús ocupa en el plan de Dios para la salvación de la humanidad."

Puesto que este libro trata de la Historia Bíblica, debemos comprender, con la Iglesia, la parte que María ocupa en la

Historia Cristiana. "Bajo la dirección del Espíritu Santo, (la Iglesia) debe preservar intacto el divino mensaje que Ella ha recibido de Cristo. Esto incluye el lugar especial que María tiene en el misterio de la salvación de la raza humana," continúan diciendo los Obispos. Después se refieren al uso que hacen los Padres del Concilio de un pasaje de San Agustín, el cual describe a María como "Madre de los miembros de Cristo... puesto que ella cooperó por amor para que naciesen en la Iglesia todos los fieles, los cuales son miembros de Cristo, Su Cabeza."

Cuán bueno es para nosotros poder acudir a María nuestra Madre, la cual nos consuela como sólo puede hacerlo una madre. Ella presenta nuestras peticiones ante Jesús, Su Hijo, y nos lleva hasta El cuando nos alejamos de Su lado por culpa de nuestros pecados.

LA MAÑANA DEL DOMINGO DE RESURRECCION

Muy temprano en la mañana del primer día de la semana, antes de que saliese el sol, se sintió como un temblor de tierra y la gran piedra que cubría la tumba rodó a un lado. Los soldados, que estaban de guardía junto a la tumba, huyeron aterrorizados hasta Jerusalén, reportando este acontecimiento a las autoridades, diciéndoles también que, cuando la piedra se movió de su lugar había aparecido un ángel vestido con ropas resplandecientes y se había sentado sobre la piedra.

Los fariseos y escribas no querían que esta historia se esparciese y sobornaron a los soldados para que dijesen que se habían quedado dormidos y que, mientras tanto, los discípulos habían venido y se habían llevado el cuerpo de Jesús. La inconsistencia de esta historia, o bien no les pasó por la mente, o fue lo mejor que pudieron inventar en el apuro del momento. Por que, si los soldados estaban dormidos, ¿cómo sabían ellos quiénes se habían llevado el cuerpo o, aún más, si en verdad alguien se lo había llevado?

JESÚS SE APARECE A LAS MUJERES

Según levantó el día, las mujeres vinieron hasta el sepulcro, trayendo con ellas especias para ungir el cuerpo del Señor, ya que Su entierro había sido hecho apresuradamente debido

Jesús resucita al tercer día

a la proximidad del sábado. María Magdalena. María la madre de Santiago, Juana y Salomé son las mencionadas por los Evangelistas. En el camino hacia el sepulcro habían hablado entre ellas cómo se las arreglarían para poder remover la piedra que cubría la entrada. Cuando hubieron llegado, encontraron que la piedra había sido removida. Inmedíatamente María Magdalena corrió para decir a los discípulos lo que había ocurrido, diciéndoles: "¡Han tomado al Señor del monumento, y no sabemos dónde lo han puesto!"

Entretanto, las otras mujeres que habían permanecido junto a la tumba, vieron dos ángeles con vestiduras resplandecientes.

Un ángel dice a las mujeres que Jesús ha resucitado.

Las mujeres se llenaron de temor, pero los ángeles les dijeron que mirasen dentro del sepulcro. "¿Por qué buscáis entre los muertos al que vive? No está aquí; ha resucitado." Entonces los ángeles les dieron un mensaje para que dijesen a Pedro y a los discípulos que Jesús había sido resucitado de entre los muertos y que se les había adelantado e ido a Galilea, donde se encontraría con ellos.

Los discípulos no pudieron creer lo que María Magdalena les decía, pero Pedro y Juan se levantaron inmedíatamente y corrieron hasta el sepulcro. Juan llegó primero y mirando dentro vio las sábanas con que lo habían fajado yaciendo en el suelo; pero no entró en el sepulcro. Pedro, que venía detrás, entró en la tumba. También el vio el sudario en el suelo, pero la pieza de lino que había cubierto la cabeza estaba separada del resto y doblada.

Entonces el discípulo amado, que había llegado primero, entró en el sepulcro detrás de Pedro, y también vio y creyó. Ambos regresaron según habían venido.

Mientras tanto, las mujeres se apresuraron a cumplir las instrucciones de los ángeles; pero María Magdalena regresó sola al sepulcro, después que Pedro y Juan se habían ido. Allí estaba ella, llorando, temiendo que alquien hubiese robado el cuerpo de su Maestro. Entonces miró dentro de la tumba y vio a dos ángeles sentados, uno a la cabecera y otro a los pies de la tumba de Jesús. Ellos le preguntaron por qué lloraba y, apenas había tenido tiempo para responderles, cuando volviendose vio a Jesús de pie al lado de ella. Al principio ella no lo reconoció, pensando que debía ser el jardinero. Por lo tanto le preguntó si él sabía dónde habían puesto el cuerpo de Jesús. Jesús simplemente dijo: "¡María!" y ella le respondió: "Rabboni!" (lo que quiere decir "Maestro").

Después que las otras mujeres hubieron entregado el mensaje a los discípulos reunidos, los cuales no creyeron la historia, regresaron al sepulcro. En el camino se encontraron con el Señor, El cual se detuvo delante de ellas, diciéndoles: "¡Salve!" Ellas, acercándosele, se arrodillaron ante El y se abrazaban a Sus pies. Poco después de ésto, el Resucitado se apareció a Pedro, al cual El había designado como jefe de Sus Apóstoles y que más tarde debía reforzarlos en la fe.

LOS DISCIPULOS EN EMAUS

Más tarde, ese mismo día, dos de Sus seguidores iban en camino hacia Emaús, hablando sobre los acontecimientos de los últimos días. Jesús se aproximo a ellos y camino un rato en su compañía: pero ellos no lo reconocieron. El les preguntó de qué estaban discutiendo y al oir esta pregunta ellos quedaron

Jesús se reune con dos de sus discípulos en el camino de Emaús.

asombrados de que El no supiera lo que había sucedido en Jerusalén. Entonces Jesús les pidió que lo informaran, a lo cual ellos le relataron todo lo acontencido, incluso acerca de las mujeres que habían ido hasta el sepulcro, pero no lo habían encontrado. Entonces Jesús comenzó a explicarles acerca de Moisés y los profetas, demostrándoles con ello cuán poca fe tenían ellos. "¿No era preciso que el Mesías padeciese ésto y entrase en su gloria?", les preguntó.

Cuando llegaron a la aldea, los discípulos le suplicaron que se quedase con ellos a cenar y, mientras estaban comiendo, Jesús tomó el pan, lo bendijo. lo partió y se los dió. Al partir el pan los discípulos lo reconocieron inmedíatamente; pero El desapareció de su vista, Los discípulos volvieron apresuradamente a Jerusalén, donde encontraron reunidos a los Once y a sus compañeros. Al verlos les dijeron: "El Señor en verdad ha resucitado y se ha aparecido a Simón." Entonces los que habían llegado contaron lo que les había sucedido a ellos mismos en el camino de Emaús.

APARICION A LOS DISCIPULOS

Mientras ellos hablaban unos con otros, Jesús se presentó en medio de ellos, aunque las puertas estaban cerradas por el temor que tenían a los judíos. "La paz sea con vosotros," dijo El y les mostró Sus heridas. Entonces Se sentó, comió y bebió con ellos para infundirles confianza y asegurarlos de que era El realmente. Díjoles otra vez: "La paz sea con vosotros. Como Me envió Mi Padre, así os envío Yo."

Diciendo ésto soplo sobre ellos y les dijo: "Recibid el Espíritu Santo, a quien perdonareis los pecados, les serán perdonados; a quienes se los retuviereis, les serán retenidos." Al igual que lo había hecho durante la Última Cena, El había dado a Sus apóstoles el poder de consagrar Su cuerpo y sangre en el Sacramento de la Santa Eucaristía, también en la tarde de Su Resurrección El les otorgó el poder de perdonar los pecados o de retenerlos, en el Sacramento de Penitencia.

Tomás estaba ausente durante esta reunión del Domingo de Pascua y, cuando ellos le contaron que habían visto al Señor, él rehuso creerlo, diciendo: "Si no veo en Sus manos la señal de los clavos y meto mi dedo en el lugar de los clavos y mi mano en Su costado, no creeré."

Ocho días más tarde, Jesús volvió a aparecerse a Sus discípulos y esta vez estaba Tomás entre ellos. El entró, a pesar de

Jesus enseña Sus heridas al incrédulo Tomás.

las puertas cerradas, y dijo: "¡La paz sea con vosotros!" Cuando nuestro Señor enseñó a Tomás Sus sacratísimas heridas lo invitó a que pusiese su dedo en las heridas de los clavos y su mano en Su costado, Tomás exclamó: "Señor mío y Dios mío!" Jesús le dijo: "Porque me has visto has creído; dichosos los que creen sin haber visto."

ENCARGOS DE CRISTO A SAN PEDRO

Un día, cuando algunos de los discípulos estaban pescando en el mar de Tiberíades, Jesús se les apareció nuevamente. Simón Pedro había dicho que él se iría a pescar, así fue que Santiago, Juan, Tomás, Natanael y dos más se unieron a él. Toda la noche habían estado pescando sin resultado alguno. Al amanecer, Jesús se encontraba en la orilla, aunque ninguno de los discípulos lo había reconocido. El les preguntó si habían pescado algo y cuando ellos le contestaron que no, les dijo que echaran las redes hacia el lado derecho de la barca y, cuando lo hubieron hecho, atraparon tantos peces que apenas podían subir la red y traerla hasta la orilla.

Repentinamente, dijo Juan a Pedro: "¡Es el Señor!". Inmedíatamente Pedro saltó al agua y nadó hasta la orilla. Cuando los demás hubieron llegado, arrastrando la red llena de peces, vieron que ya había unas brasas ardiendos y un pez puesto sobre ellas, y un poco de pan. Jesús les ordenó entonces que trajesen algunos de los peces que habían pescado. La red contenía ciento cincuenta y tres peces grandes y, sin embargo, no se había roto.

Después que Jesús les hubo dado de comer del pan y de los peces, se volvió hacia Simón Pedro y le preguntó: "Simón, hijo de Juan, ¿me amas más que éstos?" Simón respondió: "Sí, Señor Tú sabes que te amo." Jesús le dijo: "Apacienta Mis corderos." Entonces Jesús volvió a hacerle la misma pregunta y Simón volvió a responderle en igual forma, y Jesús le dijo: "Apacienta Mis ovejas." Entonces volvió Jesús por tercera vez a preguntar a Pedro si lo amaba. Pedro se entristeció y respondió: "Señor, Tú lo sabes todo, Tú sabes que te amo." Jesús replicó: "Apacienta Mis ovejas."

Entonces Jesús le habló a Pedro diciéndole que él seguiría a Su Maestro en la misma clase de muerte, pues él, Pedro, habría de extender sus manos cuando fuese ya viejo y su martirio daría aún más gloria a Dios.

LA ASCENSION

Después de haber transcurrido cuarenta días Jesús condujo a Sus discípulos hasta cerca de Betania. Entonces les dio este mandamiento: "Id, pues, enseñad a todas las gentes, bautizándolas en el nombre del Padre y del Hijo y del Espíritu Santo. Enseñándoles a observar todo cuanto yo os he mandado. ¡Yo estaré con vosotros siempre hasta la consumación del mundo!" Entonces levantó las manos y bendiciéndoles fue arrebatado al cielo. Está sentado a la diestra de Dios Padre y continúa intercediendo por nosotros. Y vendrá algún día a juzgar a los vivos y a los muertos.

Jesús asciende a los cielos, dejando a Maria y a Sus discípulos.

Hay muchas otras cosas que hizo Jesus, como nos dice San Juan; pero si ellas hubieran sido escritas, el mundo entero sería pequeño para contener los libros que podrían ser escritos.

Con ésto termina el Evangelio de nuestro Señor Jesucristo de acuerdo con los santos Evangelistas San Mateo, Marcos, Lucas y Juan.

Jesucristo no sólo es una figura histórica que vivió y obró hace 2,000 años, sino que es mucho más: El es nuestro Dios, nuestro Salvador, Aquel que nos ama más que nadie. El vive ahora entre nosotros, tal como El lo prometió.

De acuerdo con lo que dice el Segundo Concilio del Vaticano: "Cristo está siempre presente en Su Iglesia, especialmente en sus celebraciones litúrgicas. Está presente durante el sacrificio de la Misa, no sólo en la persona del ministro *pero especialmente bajo las especies eucarísticas*. Por Su poder El se encuentra presente en los sacramentos de tal forma, que cuando el hombre bautiza es en realidad Cristo Mismo el que bautiza. El está presente en Su palabra, puesto que es El Mismo quien habla cuando son leídas en la Iglesia las Sagradas Escrituras. El está presente, finalmente, cuando la Iglesia ora y canta, puesto que El prometió: 'Dondequiera que dos o más se reunan en mi nombre, yo estaré en medio de ellos' " *(Constitución de la Sagrada Liturgia, No. 7)*.

¡Cómo debemos darle gracias por este gran don de Sí Mismo que El nos ha otorgado! Debemos amarle sobre todas las cosas, podemos hacerlo manteniéndonos libres de pecado y obedeciendo Sus mandamientos. Tanto El nos ama que nos concede la gracia de poder hacerlo, si se lo pedimos.

Por eso aprendemos que las palabras contenidas en el "Padre Nuestro", que El nos enseñó, es la forma de adorarlo y alabarlo, de darle las gracias y de darle nuestro amor; la forma de pedirle por nuestras necesidades espirituales y corporales y de pedirle que perdone nuestros pecados. En la misma oración aprendemos cómo obedecerlo perdonando aquellos que nos hacen daño en forma alguna y trabajando por la salvación y el bienestar de los demás.

El Espíritu Santo desciende sobre los discípulos el día de Pentecostés.

III PARTE
LA IGLESIA PRIMITIVA
(30–64 D.C.)

ELECCION DE MATIAS

LOS HECHOS de los Apóstoles es la narración de la Iglesia Primitiva después de la Ascensión de Nuestro Señor, la cual fue escrita por San Lucas.

Tal como Cristo los había instruido, tanto los apóstoles como los discípulos esperaban en Jerusalén la llegada del Espíritu Santo. Pasaban el tiempo en oración, juntos con María, la Madre de nuestro Señor. Pedro, como cabeza del pequeño grupo, les dijo que debían escoger otro apóstol para que tomase el lugar de Judas. Así lo hicieron medíante votación y Matías fue el escogido.

LA LLEGADA DEL ESPIRITU SANTO

Mientras se encontraban todos reunidos orando en el día de Pentecostés, de repente se sintió un ruido como de un gran viento, el cual podía oirse en toda la casa. Entonces aparecieron lenguas de fuego encima de las cabezas de todos los reunidos, fueron llenos del Espíritu Santo y comenzaron a hablar en distintos idiomas, según les ordenaba el Espíritu Santo.

Debido a las fiestas que se celebraran en Jerusalén habían allí muchos judíos que habían venido de diferentes lugares. Cuando se oyó el ruido del gran viento una muchedumbre se agolpó frente a la casa. Entonces salieron los apóstoles y hablaron a la gente. Todos se admiraban pues les hablaban en sus propios idiomas, sabiendo ellos que estos hombres era simples galileos.

Pedro se puso de pie y, comenzando por los profetas, les explicó cómo Jesús había cumplido todas las profecías que se referían al Mesías. El pueblo estaba muy impresionado y preguntaba qué debían hacer ellos. Así fue que Pedro les dijo que tenían que cambiar y arrepentirse y ser bautizados en el Nombre de Jesucristo. Alrededor de 3,000 personas fueron convertidas y bautizadas aquel día.

EL COJO DE NACIMIENTO

Un día que Pedro y Juan se encaminaban hacia el Templo para orar, se encontraron con un cojo pidiendo limosna a la puerta. Los apóstoles vieron al hombre, y Pedro le dijo: "Míranos!" Así lo hizo el cojo, esperando recibir alguna limosna. Entonces Pedro le dijo: "¡No tengo oro ni plata; lo que tengo, eso te doy! ¡En nombre de Jesucristo Nazareno, anda!" Inmedíatamente fue curado el cojo, el cual entró en el Templo junto con ellos, alabando a Dios.

Las gentes se llenaron de asombro cuando vieron lo que había sucedido. Entonces Pedro habló al pueblo desde el pórtico llamado de Salomón. Les dijo que no debían sorprenderse ante lo que habían visto, ya que los apóstoles no habían obrado aquel milagro por sí mismos. El les predicó acerca de la Muerte y Resurrección de Cristo, diciéndoles que había sido en Su Nombre que ellos habían realizado aquel milagro.

No es necesario decir, que los sacerdotes, el capitán de la guardía del Templo y los saduceos estaban furiosos. Así fue que los metieron en la prisión durante la noche. Pero muchos de aquellos que habían oido hablar a Pedro, creyeron. Cuando Pedro y Juan fueron llevados ante el Sanedrín para ser interrogados, Pedro les hablo de nuevo, estando lleno del Espíritu Santo. Los príncipes de los sacerdotes estaban asombrados ante el modo de hablar, sin temor alguno, de Pedro y Juan; pues sabían ellos que éstos eran hombres sin educación, pero les permitieron irse por miedo a la multitud.

CONDICION DE LOS CRISTIANOS

Todos estos primeros cristianos eran uno en la fe y en el corazón y compartían todas las pertenencias que tenían entre sí. Muchos vendieron lo que tenían y distribuyeron todo de acuerdo con las necesidades de cada cual. Todos los días oraban juntos en el Templo, alabando a Dios. Después se reunían en su hogares para "la fracción del pan", como se le llamaba a la Eucaristía.

ANANIAS Y SAFIRA

Ananías y su esposa Safira, vendieron una posesión que tenían; pero, en lugar de dar todo el producto de la venta como los demás lo habían hecho, decidieron guardar una parte para ellos mismos. Cuando pusieron el dinero a los pies de los apóstoles, Pedro tenía conocimiento que habían mentido con respecto al valor de lo que habían vendido y los denuncio a los dos por haber mentido al Espíritu Santo. Al oir las palabras de Pedro, Ananías cayó muerto. Después de este hecho todo el pueblo estaba lleno de gran temor.

CURACION DE LOS ENFERMOS

Como lo había prometido nuestro Señor, los apóstoles realizaron muchas señales y maravillas. Cada día se reunían en el Pórtico de Salomón y muchos hombres y mujeres eran convertido al Señor. La gente de Jerusalén y de los pueblos vecinos traían a los enfermos para ser curados, así como así aquellos que estaban poseidos de malos espíritus. Algunos, inclusive, ponían a los enfermos en esteras que colocaban en el camino por donde sabían que Pedro habría de pasar, por si acaso su sombra caía sobre los enfermos y los sanaba.

LOS APOSTOLES SON ENCARCELADOS

El gran sacerdote y los saduceos estaban llenos de celos viendo la popularidad de los apóstoles; pero al mismo tiempo estaban llenos de ira viendo que no habían obedecido el mandato que les habían dado de cesar de predicar en Nombre de Jesús. Esta vez todos fueron encarcelados; sin embargo, durante la noche un ángel del Señor les abrió las puertas de la prisión y les dijo que fueran y continuaran predicando.

GAMALIEL

Inmedíatamente los Doce reanudaron sus prédicas. Entre tanto el consejo de los ancianos de Israel se reunió y demandó que se trajesen a los prisioneros. La guardía del Templo reportó que cuando fueron a la prisión encontraron las puertas cerradas y los guardías en sus puestos; pero no había nadie dentro de la cárcel. Entonces alguien les dijo que aquellos hombres estaban en el Templo enseñando al pueblo.

Una vez más fueron hechos presos los Doce y presentados ante el Sanedrín. El gran sacerdote les preguntó por qué habían desobedecido las órdenes de cesar de predicar en el Nombre de Jesús. Pedro y los demás replicaron que era mejor obedecer a Dios que a los hombres. Entonces dieron testimonio diciendo que Cristo estaba sentado a la diestra del Padre como rey salvador. El consejo de ancianos estaba furioso y quería condenarlos a muerte.

Entonces uno de los del consejo, llamado Gamaliel, les aconsejó que dejaran a los Doce en paz. Si Su enseñanza eran de origen humano, razonó él, desaparecería. Por otra parte, si provenía de Dios, no había nada que ellos pudieran hacer para destruirla y al mismo tiempo estarían yendo contra el mismo Dios. El Sanedrín decidió seguir el consejo de Gamaliel; pero, sin embargo, ordenó que los apóstoles fueran azotados antes de ser puestos en libertad. Los apóstoles estaban llenos de alegría al saber que habían sido encontrados dignos de padecer por el Nombre de Jesús. Desde aquel momento continuaron predicando las Buenas Nuevas tal cual nuestro Señor se lo había ordenado.

LOS DÍACONOS

El número de cristianos aumentaba rapidamente y pronto se hizo aparente que era necesario que se nombrasen personas que ayudasen en la distribución del alimento cotidíano y otros tipos de trabajo. Por lo tanto, los apóstoles y discípulos decidieron elegir siete hombres entre sus seguidores, que fueran de reconocida piedad y sabiduría, para que fueran designados a atender estos detalles. Esto haría que los Doce y los discípulos estuvieran libres para dedicar su tiempo a la oración y al ministerio de la palabra. Los más conocidos de estos diáconos, como eran llamados, fueron Esteban y Felipe. Los siete diáconos elegidos fueron presentados ante los apóstoles, los cuales habiendo orado primero, impusieron sobre ellos sus manos.

ESTEBAN (35 D.C.)

Esteban estaba lleno de gracia y sabiduría y obró muchas milagros en el pueblo. Ciertas sectas entablaron debates con él, pero siempre salieron perdiendo ante el razonamiento y palabras de Esteban. Así fue que dicidieron acusarlo y traer testigos falsos que dijesen que Esteban había hablado en contra de Dios y de Moisés. Fue llevado delante del Sanedrín, pero él permaneció sereno ante todas las falsas acusaciones que se le hacían. Su cara resplandecía como la de un ángel. Esteban entonces procedió a relatarles la historia del pueblo judío, comenzando por la alianza hecha por Dios con Abraham.

Cuando recontaba todas estas cosas, Esteban los reprobó por su testarudez y orgullo en oponerse al Espíritu Santo, haciendo asesinar a los profetas que habían anunciado la llegada del Mesías. Aquellos que lo escuchaban estaban furiosos. Arrastrándolo fuera de la ciudad, lo comenzaron a apedrear. Pero Esteban oraba: "Señor Jesús, recibe mi espíritu." Sus últimas palabras antes de morir fueron: "Señor, no les imputes este pecado." Un joven llamado Saulo aprobaba esta muerte. Después del martirio de Esteban la persecución contra la Iglesia se extendió por toda Jerusalén y las regiones vecinas.

FELIPE

El diácono Felipe fue hasta Samaria para predicar la palabra. Obró muchos milagros, echando a los demonios y curando a los enfermos. La multitud era atraida hacia él y escuchaban atenta-

El diácono Esteban es lapidado.

mente sus enseñanzas. Uno de los convertidos por él fue un mago de nombre Simón, el cual había también atraido al pueblo durante mucho tiempo por los trucos que ejecutaba. Cuando el pueblo comenzó a creer en el Nombre de Jesús y en la palabra de Dios que Felipe les predicaba, también eran bautizados. También Simón creyó y fue bautizado, admirado ante los milagros que había visto realizar.

Más tarde, Pedro y Juan bajaron hasta Samaria, donde oraron para que los recién convertidos recibieran el Espíritu Santo e imponían sobre ellos sus manos. Ahora bien, cuando Simón vio como todos ellos habían recibido el Espíritu Santo medíante la imposición de las manos, pidió a Pedro y Juan que le otorgaran también a él este poder, ofreciéndoles dinero a cambio. Pero Pedro le dijo que guardase su dinero, porque ese don de Dios no se podía comprar. También le dijo a Simón que cambiara el tipo de vida que llevaba y que pidiera perdón a Dios por su mal pensamiento. Simón entonces les pidió a todos que rogasen al Señor para que lo perdonara.

Después de esto, un ángel del Señor le dijo a Felipe que viajara hacia el sur del camino que iba desde Jerusalén a Gaza. Así lo hizo Felipe y en el camino se encontró un hombre de Etiopía, el cual era uno de los oficiales de la corte de la Reina. Este hombre se hallaba leyendo al profeta Isaías y regresaba a su hogar después de haber ido en peregrinación hasta Jerusalén. Inspirado por el Espíritu Santo, Felipe se adelantó al carruaje del etíope y le preguntó si comprendía lo que estaba leyendo, a lo cual el hombre le respondió que él necesitaba de alguien que se lo explicase.

El pasaje que estaba leyendo se refería a la Pasión y Muerte de nuestro Señor. Felipe subió al carruaje y comenzó a predicarle las Buenas Nuevas de Jesús y, al escucharlo, el etíope creyó con todas las fuerzas de su corazón. Así que hubieron llegado a un lugar en donde había agua él le pidio a Felipe que lo bautizase; así lo hizo Felipe y después el Espíritu del Señor arrebató a Felipe. El etíope no volvió a verlo, pero continuó su jornada lleno de júbilo.

LA CONVERSION DE SAULO (37 D.C.)

Mientras tanto Saulo continuaba persiguiendo a los cristianos. El había recibido cartas del gran sacerdote de la sinagoga en Damasco, autorizándolo para arrestar a todo cristiano que encontrase y llevarlo con él para que fuese juzgado en Jerusalén. Iba en su camino cuando, repentinamente, una brillante luz encegueció sus ojos, haciendo que cayese al suelo, mientras oía una voz que decía: "Saulo, Saulo, ¿por qué me persigues?" "Quién eres, Señor?", preguntó Saulo.Y la voz respondió: "Yo soy Jesús, a quien tú persigues." Después la misma voz le ordenó que se levantase y fuera hasta la ciudad, donde se le diría qué hacer. Cuando Pablo se levantó y abrió sus ojos no podía ver en absoluto y tuvo que ser llevado hasta la ciudad por aquellos que lo acompañaban. Por tres días estuvo completamente ciego, y durante este tiempo ni bebió ni comió cosa alguna.

Jesús sele aparese a Saul camino a Damasco.

Uno de los discípulos que vivía en Damasco, de nombre Ananías, recibió una visión del Señor, en la cual se le ordenaba ir hasta la casa en que Saulo se encontraba en oración. También dijo el Señor a Ananías que Saulo había sido Su instrumento escogido para que predicase Su Nombre a los gentiles. Ananías hizo lo que el Señor le había ordenado y cuando puso sus manos sobre los ojos de Saulo, algo como si fueran escamas cayeron de ellos y Saulo recobró la vista. Ananías lo bautizó y Saulo fue llenó del Espíritu Santo.

ENEAS Y TABITA

Durante una de las innumerables jornadas de Pedro, visitó a los creyentes de Dios que moraban en Lida. Vivía allí un paralítico, llamado Eneas, el cual no había podido dejar su cama en ocho años. Pedro le dijo: "Eneas, Jesucristo te sana; levántate y toma tu camilla." E inmedíatamente se curó. Todos aquellos que presenciaron este milagro fueron convertidos.

Entonces Pedro continuó viaje hasta Joppe, donde había una mujer, llamada Tabita, que había enfermado y muerto. Ella había sido muy conocida por sus muchas obras de caridad. Cuando informaron a Pedro de su muerte, fue enseguida hasta la casa donde habían colocado el cadáver y, arrodillándose junto al cuerpo, oró. Después le dijo: "Tabita, levántate." Ella abrió sus ojos, miró a Pedro y se sentó. El llamó a todos los cristianos y se las presentó viva.

CORNELIO

Vivía en la Cesárea un centurión romano llamado Cornelio, en cual era temeroso de Dios y toda su casa con él. Hacía oraciones a Dios continuamente y daba limosnas a todos los pobres. Un día, mientras se hallaba en oración, se le apareció un ángel el cual le dijo que sus oraciones y limosnas habían sido agradables a los ojos de Dios. Después el ángel le dijo que él debía enviar por Pedro, el cual se hospedaba en casa de un curtidor que vivía junto al mar. Cornelio envió a sus sirvientes hasta Joppe.

Pedro había tenido una visión mientras se encontraba orando en el techo de la casa: un gran objeto, como si fuese de lona, bajaba desde el cielo y en él se encontraban toda clase de animales, reptiles de la tierra y aves del cielo. Oyó una voz que le decía que los matara y comiera; pero Pedro contestó que él nunca había comido cosa manchada o impura. Entonces la voz contentó: "Lo que Dios ha purificado, no lo llames tú impuro." Mientras se encontraba Pedro tratando de comprender el significado de la visión, llegaron los mensajeros de Cornelio preguntando por él. Inmedíatamente Pedro descendió desde donde se encontraba, escuchó lo que ellos tenían que decirle y fue en su compañía hasta la Cesárea.

Una vez que hubieron arrivado a casa de Cornelio, éste había reunido a todos sus familiares y amigos cercanos. Pedro les habló, contándoles acerca de la vida del Señor, de Su Pasión y Muerte, de su Resurrección. Les dijo que los apóstoles era testigos de la Resurrección y que nuestro Señor les había ordenado que predicasen las Buenas Nuevas y dar testimonio de que El es juez de los vivos y muertos. Después que hubo terminado Pedro su instrucción, el don del Espíritu Santo fue otorgado a los gentiles, los cuales fueron bautizados en el Nombre de Jesucristo.

LA LIBERACION DE PEDRO

Por aquel tiempo comenzó el rey Herodes Agripa a perseguir a la Iglesia y ordenó que decapitasen a Santiago, el hermano de Juan. Esto complació a los judíos, así fue que Herodes ordenó que encarcelaran a Pedro. Puesto que se acercaba la fiesta de la Pascua, Pedro fue puesto bajo el cuidado de cuatro escuadrones de soldados, ya que era la intención de Herodes traer a Pedro ante el pueblo después de las festividades. Mientras tanto, la Iglesia oraba constantemente por él.

Estando Pedro durmiendo entre dos soldados, amarrado con cadenas dobles, mientras otros guardías vigilaban la puerta, súbitamente brilló una luz en la celda y un ángel se apareció a su lado. Golpeando a Pedro en el costado, le dijo que se levantara, se vistiera y lo siguiera. Pedro pensó que estaba viendo una visión; pero pasaron delante de los guardías y llegaron hasta el gran portón de hierro que daba a la ciudad, el cual se abrió solo y pudieron salir a la calle. Allí dejó el ángel a Pedro, el cual se dio cuenta entonces donde se hallaba. Entonces Pedro se dijo: "Ahora me doy cuenta de que realmente el Señor ha enviado a su ángel y me ha arrancado de las manos de Herodes y de toda la expectación del pueblo judío."

Cuando llegó Pedro a la casa donde se encontraban reunidos todos los cristianos en oración, tocó a la puerta, cuando una sierva llamada Rode vio que era Pedro, corrió a decírselo a los otros, los cuales apenas podían creer lo que ella les decía. Estaban llenos de alegría al verlo y supieron entonces que sus oraciones habían sido escuchadas por mediación del ministerio del ángel de Dios.

MUERTE DE HERODES

Herodes ordenó que se hiciera una intensa búsqueda para encontrar a Pedro, y no siendo hallado, ordenó que todos los guardías que habían estado encargados de vigilarlo, fuesen ejecutados. Entonces fue a la Cesárea. Herodes estaba muy irritado contra el pueblo de Tiro y de Sidón y, habiéndose ellos mismos presentado ante él en la corte para tratar de apaciguarlo, puesto que sus paises recibían vituallas que enviaba Herodes, cuando Herodes les hublo hablado, el pueblo lo aclamó como si fuera un dios y no un hombre. Puesto que él no quiso honrar a Dios, el ángel del Señor le hirió, y comido de gusanos, expiró.

PRIMER VIAJE DE PABLO (44/45)

Había un grupo de profetas y maestros en Antioquía y un día, mientras se celebraba la liturgia y ayunaban, el Espíritu Santo les hizo saber que El había seleccionado a Pablo y Bernabé para que desempeñaran una misión especial. Después de haber orado y ayunado, les impusieron las manos y los enviaron en su misión. Los dos fueron hasta Seleucia y zarpando desde allí fueron hasta Chipre. Allí proclamaron la palabra por toda la isla hasta Pafos. El procónsul del lugar envió a buscar a Bernabé y a Saulo (también conocido como Pablo), pues él estaba ansioso de oir la palabra de Dios.

Pero vivía en aquel lugar un mago judío, un falso profeta, que pertenecía a la corte del procónsul, el cual se oponía a los apóstoles y trataba de disuadir al procónsul de ser convertido al cristianismo. Pablo denunció a este malvado y lo expuso en público tal cual era, un fraude. Llamándole hijo de Satanás, Pablo le dijo que se quedaría ciego por su blasfemia. Inmedíatamente las tinieblas descendieron sobre él y tuvo que apoyarse en alguno que estaba cerca para que lo llevase. Cuando el gobernador vio lo que había ocurrido, creyó las enseñanzas del Señor.

Después Pablo y Bernabé se embarcaron hacia Antioquía y llegaron a la sinagoga en día de sábado. Después de la lectura de la Ley y cíe los Profetas, fueron invitados a hablar. Pablo se levantó y, recordándoles a sus oyentes lo que el Salvador había prometido, les predicó las palabras de salvación. Les habló de la Muerte y Resurrección de nuestro Señor, y que por medio de El solamente es que podemos alcanzar el perdón de los pecados. Muchos fueron grandemente impresionados por sus palabras y fueron convertidos en aquel día.

Cuando algunos de los judíos vieron el gran número de personas que se habían convertido se pusieron muy envidiosos y trataron de contradecir lo que Pablo había dicho. Entonces Pablo y Bernabé los denunciaron por su falta de creencia y comenzaron a predicar la palabra a los gentiles, muchos de los cuales se convirtieron. Después de esto los judíos, furiosos, los obligaron a abandonar la ciudad; por lo tanto, ellos, sacudiendo el polvo de sus pies contra aquella ciudad en señal de protesta se dirigieron a Iconio.

En Iconio convirtieron gran numero de judíos y griegos; pero surgieron divergencias de opiniones acerca de sus enseñanzas entre el pueblo, y los jefes de éste amenazaron con apedrearlos. Cuando Pablo y Bernabé oyeron esto huyeron a Listra, donde curaron a un hombre paralítico de nacimiento. Cuando la multitud vio este milagro quisieron ofrecerles sacrificios como si ellos fueran dioses; pero los apóstoles les aseguraron que eran hombres como ellos mismos.

Algunos de sus enemigos vinieron desde Antioquía e Iconio y exacerbaron a las turbas en contra de Pablo y Bernabé, las cuales arrastraron a Pablo fuera de la ciudad y lo apedrearon, donde le dejaron creyéndolo muerto. Los dos, sin embargo, regresaron a Antioquía y allí relataron todo lo que habían hecho, incluyendo la conversión de los gentiles a la fe cristiana.

EL CONCILIO DE JERUSALEN (49 D.C.)

Por aquel tiempo surgió cierta controversia entre algunos de los hermanos y Pablo y Bernabé, concerniente a la circuncisión de los gentiles conversos, y se decidió que debían ir hasta Jerusalén y presentar este asunto ante los apóstoles y la Iglesia reunidos en asamblea. Hubo muchas discusiones entre ellos hasta que Pedro se levantó y habló. El les recordó como los gentiles habían creido en la palabra de Dios y como el Espíritu Santo les había sido otorgado al igual que a los judíos. Entonces todos permanecieron en silencio mientras Pablo y Bernabé les contaron acerca de su misión.

Después de ésto, Santiago, que era entonces Obispo de Jerusalén, accedió a que los gentiles no debía imponérseles la obligación de ser circuncidados; pero que se les debía enviar un decreto redactado por los apóstoles-el cual sería entregado por Pablo y Bernabé-instruyéndoles que debían abstenerse del sistema de vida pagana que habían llevado hasta entonces y servir fielmente a Dios. Este fue el primer concilio de la Iglesia.

SEGUNDO VIAJE DE PABLO (50-52 D.C.)

En este viaje Pablo tomó como compañero de viaje a Silas, mientras que Bernabé se embarcó hacia Chipre, tomando consigo a Marcos. En Listra, Pablo y Silas se encontraron con Timoteo, un discípulo cuya madre era judía y creyente, pero cuyo padre era griego. Los hermanos de aquel lugar tenían a Timoteo en gran estima, por lo cual Pablo lo hizo también su compañero de viaje. Las iglesias que ya habían sido establecidas cada día crecían más y aumentaba el número de sus miembros.

Mientras se encontraban de visita en Tróade, Pablo tuvo una visión en la cual un macedonio lo invitaba a que fuera hasta allá y los ayudara. Así fue que salieron de Tróade y llegaron a Filipos, una gran ciudad de Macedonia. Allí predicaron a un grupo de mujeres que se habían reunido en día sábado, y una de ellas, llamada Lidía, aceptó sus enseñanzas y los invitó a que permaneciesen en su casa. Tanto ella como toda su familia y sirvientes fueron bautizados.

Desde allí Pablo y Silas se encaminaron a Tesalónica, en donde Pablo predicó a los judíos reunidos en la sinagoga y mucho de los judíos y griegos fueron convertidos. Esto enfureció, una vez más, a los judíos, por lo cual, durante la noche, Pablo y Silas partieron hacia Berea donde convirtieron numerosas personas. Una vez más hubo agitación entre la turba enardecida por los judíos y Pablo se fue hacia Atenas. Más tarde se le unieron en aquella ciudad, Silas y Timoteo.

En Atenas habían ídolos por doquier y Pablo sostuvo discusiones con los más populares filósofos de aquella época. Este pueblo estaba siempre buscando nuevas ideas, así fue que invitaron a Pablo para que les hablase acerca de su doctrina. Pablo les dijo que ellos eran supersticiosos y les señaló un altar que estaba dedicado "Al Dios Desconocido." El les predicó acerca del único Dios verdadero, advirtiéndoles que algun día Dios vendría a juzgar al mundo. Unos pocos, incluyendo a Dionisio, miembro de la corte, y una mujer nombrada Damaris, fueron convertidos.

Partiendo de Atenas, Pablo fue después a Corinto, en donde se ganó la vida ejerciendo su oficio de fabricante de tiendas. Allí predicó a los judíos y se reunió con Silas y Timoteo. Había tanta oposición a sus enseñanzas que Pablo dejó de predicar a los judíos de Corinto y volvió su atención una vez más hacia los gentiles. Pablo permaneció en Corinto durante más de un año convirtiendo y bautizando muchos corintios, incluyendo a Tito y a Crispo. Partiendo de Corinto Pablo pasó a Efeso. Después fue a Cesárea donde visitó las congregaciones cristianas. Después continuó viajando por Galacia y Frigia, alentando a todos los discípulos de aquellos lugares.

TERCER VIAJE DE PABLO (53-58 D.C.)

Tal como lo había prometido, Pablo regresó a Efeso. Allí encontró a un grupo de conversos a los cuales preguntó si habían recibido el Espíritu Santo. Ellos contestaron que desconocían lo que era el Espíritu Santo y habían sido solamente bautizados con el bautizo de Juan. Pablo les enseñó acerca de nuestro Señor y fueron entonces bautizados en el Nombre del Señor Jesús.

Entonces, imponiéndoles las manos, los confirmó y recibieron el Espíritu Santo. Pablo y sus compañeros permanecieron en Efeso cerca de dos años. Durante este tiempo el Evangelio fue predicado a todos los habitantes del lugar, tanto judíos como griegos, y muchos fueron convertidos. También Dios realizó muchos milagros por medio de Pablo.

Desde Efeso Pablo fue a Macedonia a visitar a los cristianos y alentarlos en la fe. Después él y Lucas viajaron a Filipos y desde allí a Tróades, donde se encontraron con sus otros compañeros. Un joven llamado Eutico cayó desde una ventana de un tercer piso y cuando lo recogieron ya estaba muerto. Pablo le devolvió la vida. Esto sucedió en un Domingo y todos se reunieron para celebrar el Sacrificio Eucarístico.

En su viaje de regreso a Jerusalén Pablo se detuvo en varios lugares, estableciendo muchas iglesias y ordenando sacerdotes. Instruyó a los jefes de la Iglesia en Efeso de estar alerta sobre ellos mismos, y su rebaño mantenerlo bajo el Espíritu Santo. Les advirtió contra los falsos maestros que vendrían aún de dentro de ellos mismos. Entonces todos se arrodillaron y oraron juntos, después de lo cual Pablo continuó su viaje.

Cuando Pablo y sus discípulos arrivaron a Jerusalén, visitaron a Santiago y los otros ancianos de la Iglesia, recibiendo una calurosa bienvenida. Más tarde, se formó un tumulto en el Templo cuando algunos judíos provenientes de Asia, reconociendo a Pablo, enardecieron a la muchedumbre y acusaron a Pablo de enseñar en contra de la ley y de profanar los lugares sagrados. Pablo trató de calmarlos, pero ellos gritaban que lo matasen. Después de ser encarcelado, apareció ante el Sanedrín y fue enviado a Cesárea. Allí fue traído ante el gobernador; pero él insistió que como ciudadano romano que era él debía hacer su apelación ante el Emperador.

VIAJE DE PABLO A ROMA (61-63 D.C.)

Entonces se decidió que Pablo fuese enviado a Roma donde él podría apelar su caso ante César. Durante la travesía se levantó una violenta tormenta que duró varios días. Todos aquellos que se encontraban abordo estaban convencidos que perecerían, pero Pablo los alentaba a tener valor; diciéndoles que aunque naufragaran en una isla todos se salvarían y eventualmente alcanzarían su destino. Finalmente, llegaron a Roma donde fueron recibidos por los cristianos de allí. Pablo fue puesto bajo vigilancia y en cadenas, pero se le permitió vivir en sus propias habitaciones.

Allí dio testimonio ante judíos, concerniente al reino de Dios, tratando de persuadirlos acerca de Jesús a través de la Ley de Moisés y de los profetas. Algunos fueron convencidos, pero no los demás. Permaneció en sus habitaciones durante dos años, recibiendo a todos aquellos que acudían a verlo y escribiendo cartas o epístolas a las otras iglesias que él estableciera, advirtiéndoles contra posibles errores y alentándoles en la fe. El predicaba el reino de Dios a todos aquellos que venían a verlo y les enseñaba acerca de nuestro Señor Jesús con completa confianza y sin restricción alguna.

SEGUNDO CAUTIVERIO EN ROMA Y MUERTE (67 D.C.)

Después de dos años de restricciones, en el año 63, Pablo pudo viajar libremente una vez más. Los Hechos de los Apóstoles no nos cuentan más acerca de él, pero parece desprenderse de sus últimas epístolas (Tito, 1 y 2 a Timoteo), escritas entre 65 y 67, que él viajo a Creta, Asia Menor y Grecia.

En su Epístola a los Romanos Pablo habla de sus planes de ir a España, pero no se sabe si llegó a hacer ese viaje. Fue encarcelado por segunda vez en Roma y condenado a muerte, La tradición nos dice que sufrió el martirio en la Vía Ostiense, siendo decapitado durante la persecución de Nerón en el año 67 o 68 D.C.

LA IGLESIA EN LA ADVERSIDAD

Desde la época de la persecución de Nerón se sucedieron una serie de calamidades: epidemias y guerras civiles en algunas de las naciones que se rebelaban en contra del yugo romano.

Para los cristianos, atemorizados ya por las persecuciones de Nerón, las cosas parecían ir de mal en peor cada día, ya que el paganismo no se resignaba a desaparecer y luchaba con todas las armas a su alcance.

Alrededor de fines del siglo primero, Domiciano llegó a ser Emperador de Roma. Una de las medidas adoptadas por él fue obligar a todas sus súbditos que le rindieran pleitesía como si fuera un dios. Cuando los cristianos se negaron a hacerlo fueron perseguidos y mandados a ejecutar.

En medio de aquella persecución, Juan, que estaba exilado en la isla de Patmos en Turquía, escribió un libro en el cual trató de inspirar esperanza e los corazones de los cristianos. Una vez más la Palabra de Dios, a través de uno de Sus Apóstoles, ilumina las vidas de los seguidores de Cristo.

Ese es el Libro de las Revelaciones, escrito en lenguaje "apocalíptico", popular en aquella época. Es por esto que el mensaje que encierra está envuelto en imágenes y símbolos.

Algunos de los libros del Antiguo Testamento también están escritos en este estilo. Ellos predicen males, calamidades y persecuciones que habían de acontecer al Pueblo Escogido, causados por los enemigos del Reino de Dios; pero, repentinamente, el Día de Yahve habría de llegar, trayendo paz y felicidad.

El último libro del Nuevo Testamento, y de todas las Escrituras, nos enseña una última lección: La Iglesia de Cristo vive en la esperanza; y lleva en su corazón un gran deseo: la "Parusia", es decir, la "Segunda Llegada del Señor."